FIRESIDE

AN INVITATION TO
ITALIAN

A GAY AND SIMPLE GUIDE TO THE READING
AND SPEAKING OF MODERN ITALIAN

by MARGARITA MADRIGAL

A FIRESIDE BOOK PUBLISHED BY
SIMON AND SCHUSTER · NEW YORK

INVITATION

To me Italian is more than a language. It is music and sun and mandolins in the moonlight. It is gondolas, and the last little flip of a spaghetti strand as it is drawn between the lips. But especially it is a series of round tones that fall on the ear like music.

Try a word yourself. Say "fantastic" in Italian: "fantastico." Say it in the manner of an Italian who has just gotten what he wanted: FANTASTICO! Now say "Bellissimo!" (beautiful-issimo). Then, if you are in the Italian mood, you will say both words, one after the other: Bellissimo! Fantastico!

The Italian language is a fountain of beautiful sounds. There are those who accuse Italians of talking too much, but when you have such a vast number of lovely words to use, talking is rather irresistible.

Now YOU can get in on the fun. This book has been designed to bring the Italian language to you in a light-hearted way. You will find the "Conversations" easy to understand and to learn because so many words in them are similar to their English equivalents. You will not have to run to the dictionary to find the meaning of such words as "piano" or "banana."

Roughly 40 per cent of the words in spoken Italian are similar to their English equivalents. With the method which is used in this book (Madrigal's Instant Recognition Method), you will begin to form sentences with familiar words, not only words which are similar to their English equivalents, but many Italian words which you already know, such as pizza, spaghetti, gondola, bambino, etc.

The simple and pleasing sentences in the book unlock the mind and free you from any reticence you may have toward a foreign language. In fact, so many simple words have been used in the lessons that Italian will not long remain "foreign" to you. It will soon become a friendly and familiar language.

As soon as you have learned each lesson, close the book and see how many sentences you can say. You will be pleasantly surprised. As you speak, in some magical and mysterious way, the Italian language enters your being. And that's where it belongs.

—MARGARITA MADRIGAL

New York, N. Y.

8

CONTENTS

9

INSTRUCTIONS

You will find that a great number of the Italian words in this book are similar or identical to their English equivalents. These words have been carefully selected, to make your introduction into the language easier and more pleasurable.

1. Read each vocabulary carefully. When you see a word that is similar or identical to an English word, accept it with confidence, but do not gloss over it. Repeat it several times so that it will stay with you. It is a pleasure to repeat Italian words aloud, since they are so musical. Your enjoyment of the sound of Italian will increase as as you progress through the lessons.

2. Read each CONVERSATION aloud several times in order to train your ear and to gain a feeling for the language.

3. Make up sentences of your own using the words presented in the text.

Key to Pronunciation

a—ah as in father, far, car: *banana, Roma*

e—e as in net, set, rest: *bello, grande*

i—ee as in keen, green, see: *pizza, spaghetti*

o—o as in obey: *molto, Roma*

u—oo as in cool, pool: *blusa, luna*

c—is pronounced *k* before *a, o, u,* or before another consonant: *parco, casa*

c—is pronounced *ch* as in cheese before *e* or *i. Città* (city) is pronounced *cheetta* (stress the final a). *Concerto* (concert) is pronounced *concherto.*

ch—k as in kept

CHE (what) is pronounced KE as in kept.

g—before *a, o, u* and consonants—hard sound as in go:
gondola, tigre

before *e* or *i*—pronounced *g* as in gentle: *generalmente*

gh—hard *g* as in go: *spaghetti*

gli—is pronounced [*lyee*] as *lli* in million; *famiglia* (family)

gn—ny as in canyon: *signorina*

h—The *h* is always silent in Italian. *Ho* (I have) is pronounced *o*, and *ha* (has) is pronounced *a*. But make this a big, round a, as in Ah!

r—The letter *r* is always trilled.

s—*s* as in sun

Between vowels the letter *s* is pronounced *z* as in zebra. Thus, *casa* (house) is pronounced *caza* and *rosa* (rose) is pronounced *roza*.

sc—before *a, o, u* and consonants is *sk* as in sky.
Scarpe (shoes) is pronounced *skarpe*.

sc—before *e* or *i* is pronounced *sh* as in shell

ss—is pronounced *s* as in sea

z—is pronounced *ts*

Lezione (lesson) is pronounced *letzione*.

Double Consonants

Sound both letters of double consonants, like this:
an-no (year), gat-to (cat), spaghet-ti

Accents

For rules governing accents (written or spoken) see Grammar Section No. 4, page 142-145.

NOTE: I think that at this point you would enjoy saying some Italian words aloud. In the section on "Spoken Accent," page 142, you will find lists of words which show where the voice stress falls in Italian. Read these words aloud with vigor and enthusiasm.

AN INVITATION TO ITALIAN

LEZIONE NUMERO UNO

1

il treno

VOCABOLARIO

il, *the*
il bambino, *the baby*
il treno, *the train*
il parco, *the park*
il ristorante, *the restaurant*
conversazione, *conversation*
è, *is*
non è, *is not, isn't*

grande, *big*
piccolo, *little, small*
Roma, *Rome*
una città, *a city*
sì, *yes*
no, *no*

CONVERSAZIONE

È Roma una città? *Is Rome a city?*
Sì, Roma è una città. *Yes, Rome is a city.*

È grande Roma? *Is Rome big?*
Sì, Roma è grande. *Yes, Rome is big.*

È Boston una città?
Sì, Boston è una città.

È grande Boston?
Sì, Boston è grande.

È grande il parco?
Sì, il parco è grande.

È piccolo il parco?
No, il parco non è piccolo.

il parco

È grande il treno?
Sì, il treno è grande.

È piccolo il treno?
No, il treno non è piccolo. Il treno è grande.

È grande il ristorante?
Sì, il ristorante è grande.

È grande il bambino?
No, il bambino non è grande.

il bambino

È piccolo il bambino?
Sì, il bambino è piccolo.

Useful Expressions

Scusi. *Excuse me.*
Grazie. *Thank you.*
Prego. *You're welcome.*
Arrivederci. *Good-bye. (I'll be seeing you.)*

LEZIONE NUMERO DUE

2

la banana   un fiore   la pera

VOCABOLARIO

la banana, *the banana*   il tulipano, *the tulip*
la rosa, *the rose*   un fiore, *a flower*
la pera, *the pear*   sì, *yes*
la pesca, *the peach*   no, *no*
la mela, *the apple*   è, *is*
un frutto, *a fruit*   non è, *is not, isn't*

che cosa è? *what is? (what thing is?)*

CONVERSAZIONE

Che cosa è la banana? *What is the banana?*
La banana è un frutto. *The banana is a fruit.*

Che cosa è la pera?
La pera è un frutto.

Che cosa è la rosa?
La rosa è un fiore.

Che cosa è il tulipano?
Il tulipano è un fiore.

la banana

È la banana un fiore?
No, la banana non è un fiore.

È la banana un frutto?
Sì, la banana è un frutto.

È la pera un fiore?
No, la pera non è un fiore. La pera è un frutto.

È la rosa un fiore?
Sì, la rosa è un fiore.

la rosa

È la rosa un frutto?
No, la rosa non è un frutto.
La rosa è un fiore.

Che cosa è la pesca?
La pesca è un frutto.

la pesca

È la pesca un fiore?
No, la pesca non è un fiore.
La pesca è un frutto.

Che cosa è la mela?
La mela è un frutto.

È la mela un fiore?
No, la mela non è un fiore.
La mela è un frutto.

la mela

LEZIONE NUMERO TRE

3

il cavallo il gatto la vacca

VOCABOLARIO

il cavallo, *the horse*
il gatto, *the cat*
il professore, *the professor*
il presidente, *the president*
una persona, *a person*
intelligente, *intelligent*
che cosa è? *what is? what is it?* (*what thing is?*)

la vacca, *the cow*
un animale, *an animal*
grande, *big*
piccolo, *little, small*
è, *is*
non è, *is not, isn't*

CONVERSAZIONE

È grande il cavallo? *Is the horse big?*
Sì, il cavallo è grande.

È grande la vacca?
Sì, la vacca è grande.

È grande il gatto?
No, il gatto non è grande. Il gatto è piccolo.

È piccolo il cavallo?
No, il cavallo non è piccolo. Il cavallo è grande.

Che cosa è il cavallo?
Il cavallo è un animale.

È il cavallo una persona?
No, il cavallo non è una persona.

Che cosa è la vacca?
La vacca è un animale.

È la vacca una persona?
No, la vacca non è una persona. La vacca è un animale.

È il professore una persona?
Sì, il professore è una persona.

È intelligente il professore?
Sì, il professore è intelligente.

È intelligente il presidente?
Sì, il presidente è intelligente.

il professore

NOTE: At this point, it is a good idea to read Grammar Section 4, "ACCENTS—SPOKEN AND WRITTEN." There you will find what you want to know about written accents and about where the voice is stressed in Italian words. In the section on "Spoken Accent" you will find lists of words which show where the voice stress falls in Italian. Read these words aloud with vigor and enthusiasm. Turn to page 142, Number 4.

LEZIONE NUMERO QUATTRO

4

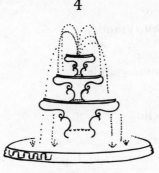

la fontana

VOCABOLARIO

la fontana, *the fountain*
il parco, *the park*
il museo, *the museum*
il palazzo, *the building*
il giardino, *the garden*
il fiore, *the flower*

bello, *beautiful*
grande, *big*
piccolo, *little, small*
molto, *very*
è, *is*
non è, *is not, isn't*

CONVERSAZIONE

È grande Roma? *Is Rome big?*
Sì, Roma è grande.

È grande la fontana?
Sì, la fontana è grande.

È grande il parco?
Sì, il parco è grande.

il parco

È bello il parco?
Sì, il parco è bello.

È grande il museo?
Sì, il museo è molto grande.

È grande il palazzo?
Sì, il palazzo è molto grande.

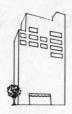

il palazzo

È bello il palazzo?
Sì, il palazzo è bello.

È piccolo il palazzo?
No, il palazzo non è piccolo. Il palazzo è grande.

È piccolo il museo?
No, il museo non è piccolo. Il museo è molto grande.

È grande il giardino?
Sì, il giardino è grande.

È bello il giardino?
Sì, il giardino è molto bello.

È piccolo il giardino?
No, il giardino non è piccolo. Il giardino è molto grande.

È grande il fiore?
No, il fiore non è grande. Il fiore è piccolo.

È bello il fiore?
Sì, il fiore è molto bello.

il fiore

LEZIONE NUMERO CINQUE

5

la rosa

la signorina

la sardina

VOCABOLARIO

il **bambino**, *the baby*
il **tulipano**, *the tulip*
il **cappello**, *the hat*
il **pollo**, *the chicken*
la **fontana**, *the fountain*
la **mela**, *the apple*
la **pesca**, *the peach*
la **sardina**, *the sardine*
la **bistecca**, *the beefsteak*
la **minestra**, *the soup*

la **signorina**, *the young lady, miss*
la **blusa**, *the blouse*
bello, *beautiful (masc.)*
bella, *beautiful (fem.)*
piccolo, *little (masc.)*
piccola, *little (fem.)*
delizioso, *delicious (masc.)*
deliziosa, *delicious (fem.)*
molto, *very*
è, *is*

Most masculine adjectives end in O.
   Examples: *bello, piccolo, delizioso.*

Most feminine adjectives end in A.
   Examples: *bella, piccola, deliziosa.*

Masculine adjectives are used with masculine nouns.
Feminine adjectives are used with feminine nouns.

Use adjectives that end in O with nouns that end in O.
Use adjectives that end in A with nouns that end in A.

25

la pesca

la mela

il cappello

CONVERSAZIONE

È piccolo il pollo? *Is the chicken little?*
Sì, il pollo è piccolo. *Yes, the chicken is little.*

È piccola la sardina?
Sì, la sardina è piccola.

È piccola la pesca?
Sì, la pesca è piccola.

È piccola la mela?
Sì, la mela è piccola.

È bello il cappello?
Sì, il cappello è bello.

È bello il bambino?
Sì, il bambino è bello.

È bello il tulipano?
Sì, il tulipano è bello.

È bella la rosa?
Sì, la rosa è bella.

È bella la fontana?
Sì, la fontana è molto bella.

È bella la blusa?
Sì, la blusa è bella.

È bella la signorina?
Sì, la signorina è molto bella.

È delizioso il pollo?
Sì, il pollo è delizioso.

È deliziosa la bistecca?
Sì, la bistecca è deliziosa.

È deliziosa la minestra?
Sì, la minestra è molto deliziosa.

il pollo

Useful Expressions

il giorno, *the day*
Buon giorno. *Good morning. (Good day.)*
la sera, *the evening*
Buona sera. *Good evening.*
Buon giorno, signore. *Good morning, sir.*
Buon giorno, signorina. *Good morning, miss.*
Buon giorno, signora. *Good morning, ma'am.*

LEZIONE NUMERO SEI

6

il professore

VOCABOLARIO

la signorina, *the young lady*
simpatico, *charming (masc.)*
simpatica, *charming (fem.)*
italiano, *Italian (masc.)*
italiana, *Italian (fem.)*
americano, *American (masc.)*
americana, *American (fem.)*
occupato, *busy (masc.)*
occupata, *busy (fem.)*

stanco, *tired (masc.)*
stanca, *tired (fem.)*
pronto, *ready (masc.)*
pronta, *ready (fem.)*
molto, *very*
Maria, *Mary*
Roberto, *Robert*
è, *is*
non è, *is not, isn't*

CONVERSAZIONE

È occupato il presidente? *Is the president busy?*
Sì, il presidente è occupato. *Yes, the president is busy.*

28

È stanco il presidente?
No, il presidente non è stanco.

È occupato il professore?
Sì, il professore è molto occupato.

È stanco il professore?
No, il professore non è stanco.

È simpatico il professore?
Sì, il professore è molto simpatico.

È americano il professore?
No, il professore non è americano.

È italiano il professore?
Sì, il professore è italiano.

È americana la signorina?
No, la signorina non è americana.

È italiana la signorina?
Sì, la signorina è italiana.

È simpatica la signorina?
Sì, la signorina è simpatica.

la signorina

È occupata la signorina?
Sì, la signorina è occupata.

È stanca la signorina?
No, la signorina non è stanca.

È pronto Roberto?
Sì, Roberto è pronto.

È pronta Maria?
Sì, Maria è pronta.

LEZIONE NUMERO SETTE

il pane

VOCABOLARIO

il **caffè**, *the coffee*
il **pane**, *the bread*
il **burro**, *the butter*
il **sale**, *the salt*
il **pepe**, *the pepper*
il **coltello**, *the knife*
il **cucchiaio**, *the spoon*
la **forchetta**, *the fork*

la **casa**, *the house*
a **casa**, *at home*
la **chiesa**, *the church*
in **chiesa**, *in church*
la **tavola**, *the table*
sulla tavola, *on the table*
Alberto, *Albert*
Susanna, *Susan*

dove è? *where is? where is it?*
è, *is*

CONVERSAZIONE

Dove è il pane? *Where is the bread?*
Il pane è sulla tavola. *The bread is on the table.*

Dove è il sale?
Il sale è sulla tavola.

il sale

Dove è il pepe?
Il pepe è sulla tavola.

Dove è il caffè?
Il caffè è sulla tavola.

il caffè

Dove è il burro?
Il burro è sulla tavola.

Dove è Alberto?
Alberto è a casa.

la casa

Dove è Maria?
Maria è a casa.

Dove è Susanna?
Susanna è in chiesa.

la chiesa

la forchetta

Dove è la forchetta?
La forchetta è sulla tavola.

Dove è il cucchiaio?
Il cucchiaio è sulla tavola.

il cucchiaio

Dove è il coltello?
Il coltello è sulla tavola.

il coltello

LEZIONE NUMERO OTTO

8

la chitarra

VOCABOLARIO

la blusa, *the blouse*
la chitarra, *the guitar*
la casa, *the house*
la bistecca, *the beefsteak*
la minestra, *the soup*
la cioccolata, *the chocolate*
delizioso, *delicious (masc.)*
deliziosa, *delicious (fem.)*

il cappello, *the hat*
il vestito, *the dress*
il libro, *the book*
il pollo, *the chicken*
il caffè, *the coffee*
il tè, *the tea*
il formaggio, *the cheese*
bella, *beautiful (fem.)*

le piace? *do you like? do you like it?*
mi piace, *I like, I like it*
non mi piace, *I don't like, I don't like it*

CONVERSAZIONE

Le piace la blusa? *Do you like the blouse?*
Sì, la blusa mi piace. *Yes, I like the blouse. (Yes, the blouse me pleases.)*

Le piace il vestito?
Sì, il vestito mi piace.

il vestito

Le piace la chitarra?
Sì, la chitarra mi piace.
La chitarra è molto bella.

Le piace la casa?
No, la casa non mi piace.

Le piace il libro?
Sì, il libro mi piace.

il libro

Le piace la bistecca?
Sì, la bistecca mi piace.
La bistecca è deliziosa.

Le piace il pollo?
Sì, il pollo mi piace.
Il pollo è delizioso.

il pollo

Le piace la minestra?
Sì, la minestra mi piace.

Le piace il caffè?
Sì, il caffè mi piace.

il caffè

Le piace il tè?
Sì, il tè mi piace.

Le piace la cioccolata?
Sì, la cioccolata mi piace.
La cioccolata è deliziosa.

Le piace il formaggio?
Sì, il formaggio mi piace.
Il formaggio è delizioso.

Le piace il cappello?
No, il cappello non mi piace.

il cappello

NOTE: When you are not answering a question, that is, when you are making a statement, MI PIACE comes first. Examples:

Mi piace il libro. *I like the book.*
Mi piace la casa. *I like the house.*

33

LEZIONE NUMERO NOVE

9

VOCABOLARIO

il bambino, *the baby*
i bambini, *the babies*
il cappello, *the hat*
i cappelli, *the hats*
il cavallo, *the horse*
i cavalli, *the horses*
il pollo, *the chicken*
i polli, *the chickens*
i fiori, *the flowers*

il mantello, *the coat*
i mantelli, *the coats*
il vestito, *the dress*
i vestiti, *the dresses*
il piroscafo, *the ship*
i piroscafi, *the ships*
i pomodori, *the tomatoes*
i piselli, *the peas*
grandi, *big (plural, masc.)*

sono, *are (pl.)*
non sono, *are not (pl.)*

il bambino

i bambini

il cappello

i cappelli

il pollo

i polli

il mantello

i mantelli

Most singular, masculine words end in O.
Most plural, masculine words end in I.

	SINGULAR (masc.)	PLURAL (masc.)
beautiful	bello	belli
little	piccolo	piccoli
delicious	delizioso	deliziosi

CONVERSAZIONE

Sono belli i fiori? *Are the flowers beautiful (pretty)?*
Sì, i fiori sono belli. *Yes, the flowers are beautiful.*

Sono belli i bambini?
Sì, i bambini sono belli.

È piccolo il pollo?
Sì, il pollo è piccolo.

Sono piccoli i polli?
Sì, i polli sono piccoli.

il pollo

Sono deliziosi i pomodori?
Sì, i pomodori sono deliziosi.

i pomodori

Sono deliziosi i piselli?
Sì, i piselli sono deliziosi.

i piselli

È bello il cappello?
Sì, il cappello è molto bello.

Sono belli i cappelli?
Sì, i cappelli sono molto belli.

È piccolo il cavallo?
No, il cavallo non è piccolo.

Sono piccoli i cavalli?
No, i cavalli non sono piccoli.

Sono grandi i cavalli?
Sì, i cavalli sono grandi.

il cavallo

È bello il mantello?
Sì, il mantello è molto bello.

Sono belli i mantelli?
Sì, i mantelli sono belli.

È bello il vestito?
Sì, il vestito è molto bello.

Sono belli i vestiti?
Sì, i vestiti sono belli.

il vestito

È grande il piroscafo?
Sì, il piroscafo è grande.

Sono grandi i piroscafi?
Sì, i piroscafi sono grandi.

il piroscafo

36

LEZIONE NUMERO DIECI

10

VOCABOLARIO

la signorina, *the young lady*
le signorine, *the young ladies*
la rosa, *the rose*
le rose, *the roses*
la mela, *the apple*
le mele, *the apples*
la carota, *the carrot*
le carote, *the carrots*

la chiesa, *the church*
le chiese, *the churches*
la lettera, *the letter*
le lettere, *the letters*
la penna, *the pen*
le penne, *the pens*
la tavola, *the table*
sulla tavola, *on the table*

è, *is*
non è, *is not*
sono, *are (pl.)*

dove è? *where is?*
dove sono? *where are? (pl.)*

la chiesa

le chiese

la signorina

le signorine

37

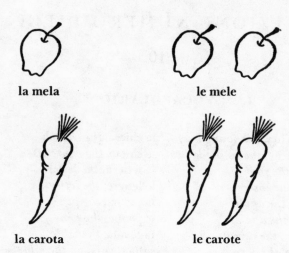

la mela   le mele

la carota   le carote

Most singular, feminine words end in A.
Most plural, feminine words end in E.

	SINGULAR (fem.)	PLURAL (fem.)
beautiful	bella	belle
little	piccola	piccole
delicious	deliziosa	deliziose

CONVERSAZIONE

Dove è la penna? *Where is the pen?*
La penna è sulla tavola. *The pen is on the table.*

Dove sono le penne?
Le penne sono sulla tavola.

Dove è la lettera?
La lettera è sulla tavola.

Dove sono le lettere?
Le lettere sono sulla tavola.

È piccola la penna?
Sì, la penna è piccola.

la lettera

Sono piccole le penne?
Sì, le penne sono piccole.

È piccola la rosa?
Sì, la rosa è piccola.

Sono piccole le rose?
Sì, le rose sono piccole.

È bella la rosa?
Sì, la rosa è bella.

la rosa

Sono belle le rose?
Sì, le rose sono belle.

È bella la signorina?
Sì, la signorina è bella.

Sono belle le signorine?
Sì, le signorine sono belle.

È bella la chiesa?
Sì, la chiesa è bella.

la chiesa

Sono belle le chiese?
Sì, le chiese sono belle.

È piccola la chiesa?
No, la chiesa non è piccola.

È piccola la mela?
Sì, la mela è piccola.

È deliziosa la mela?
Sì, la mela è deliziosa.

Sono deliziose le mele?
Sì, le mele sono deliziose.

Sono deliziose le carote?
Sì, le carote sono deliziose.

la mela

NOTE: I think that you will find it helpful to read two grammar sections at this point. The section on "NOUNS" will give you what you should know about nouns in a simple and condensed form. The section on "Definite Articles" will show you what articles to use with the nouns you know. However, it is best not to think of these words in grammatical terms. Read the Italian words in these two sections aloud; you will find that all the words fall into their proper place very easily. Turn to Grammar Section 1, "NOUNS," page 134. Also turn to Grammar Section 2, "ARTICLES," and read the section on "Definite Articles," page 135. If you feel adventuresome read the section on "Indefinite Articles," page 137.

LEZIONE NUMERO UNDICI

11

la gondola

VOCABOLARIO

i fiori, *the flowers*
i tulipani, *the tulips*
i piselli, *the peas*
i cavalli, *the horses*
i gatti, *the cats*
i libri, *the books*
le carote, *the carrots*
le patate, *the potatoes*

le rose, *the roses*
le pere, *the pears*
le banane, *the bananas*
le gondole, *the gondolas*
belli, *beautiful (pl. masc.)*
belle, *beautiful (pl. fem.)*
deliziosi, *delicious (pl. masc.)*
deliziose, *delicious (pl. fem.)*

le piace? *do you like? (singular things)*
mi piace, *I like (singular things)*
le piacciono? *do you like? (plural things)*
mi piacciono, *I like (plural things)*
sono, *are*

In English we say: "I like horses." In Italian you must say:
"I like THE horses." Use the word "the" (i, le) with "piacciono."

CONVERSAZIONE

Le piacciono i cavalli? *Do you like horses?*
Sì, i cavalli mi piacciono. *Yes, I like horses. (Yes, the horses me please.)*

Le piacciono i gatti?
Sì, i gatti mi piacciono.

i gatti

Le piacciono le gondole?
Sì, le gondole mi piacciono.
Le gondole sono belle.

Le piacciono le rose?
Sì, le rose mi piacciono.
Le rose sono belle.

le rose

Le piacciono i tulipani?
Sì, i tulipani mi piacciono.
I tulipani sono molto belli.

Le piacciono i piselli?
Sì, i piselli mi piacciono.
I piselli sono deliziosi.

i piselli

Le piacciono le patate?
Sì, le patate mi piacciono.

Le piacciono le carote?
Sì, le carote mi piacciono.

Le piacciono le banane?
Sì, le banane mi piacciono.
Le banane sono molto deliziose.

le carote

Le piacciono le pere?
Sì, le pere mi piacciono.
Le pere sono deliziose.

le pere

Le piacciono i fiori?
Sì, i fiori mi piacciono.

Le piacciono i libri?
Sì, i libri mi piacciono.

i libri

NOTE: When you are not answering a question, that is, when you are making a statement, MI PIACCIONO comes first.
Example:
  Mi piacciono i cavalli.
  I like horses.

LEZIONE NUMERO DODICI

12

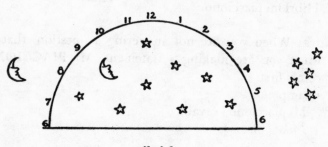

il cielo

VOCABOLARIO

il cielo, *the sky*

il sole, *the sun*

il calore, *the heat*

la terra, *the earth*

la luna, *the moon*

la luce, *the light*

la mezzanotte, *midnight*

la montagna, *the mountain*

la stella, *the star*

le stelle, *the stars*

le fontane, *the fountains*

i palazzi, *the buildings*

i parchi, *the parks*

nei parchi, *in the parks*

i fiori, *the flowers*

milioni di fiori, *millions of flowers*

blu, *blue*

illuminati, *illuminated (masc. pl.)*

illuminate, *illuminated (fem. pl.)*

naturale, *natural*

artificiale, *artificial*

nel, *in the (masc. sing.)*

nel cielo, *in the sky*

a che ora? *at what time?*

alle dodici, *at twelve o'clock*

che cosa? *what?*

produce, *produces*

e, *and*

la luce del sole, *the sunlight*

la luce della luna, *the moonlight*

a Roma di notte, *in Rome at night*

l'Oceano Atlantico, *the Atlantic Ocean*

l'Oceano Pacifico, *the Pacific Ocean*

c'è, *there is, is there?*
ci sono, *there are, are there?*

NOTE: The English CT becomes TT in Italian.
    Examples:
      electric, *elettrico*
      doctor, *dottore*
      actor, *attore*
      tractor, *trattore*
      factor, *fattore*

Singular

	MASCULINE	FEMININE
beautiful	bello	bella
very beautiful	bellissimo	bellissima
hot	caldo	calda
immense	immenso	immensa
tranquil	tranquillo	tranquilla
much	molto	molta
very much	moltissimo	moltissima
romantic	romantico	romantica
electric	elettrico	elettrica

Plural

	MASCULINE	FEMININE
beautiful	belli	belle
very beautiful	bellissimi	bellissime
hot	caldi	calde
immense	immensi	immense
tranquil	tranquilli	tranquille
many	molti	molte
very many	moltissimi	moltissime

CONVERSAZIONE

È grande il cielo? *Is the sky big?*
Sì, il cielo è immenso. *Yes, the sky is immense.*

È blu il cielo?
Sì, il cielo è blu.

È bello il cielo?
Sì, il cielo è bellissimo.

È grande la montagna?
Sì, la montagna è immensa.

È immenso l'Oceano Atlantico?
Sì, l'Oceano Atlantico è immenso.

È bello l'Oceano Pacifico?
Sì, l'Oceano Pacifico è bellissimo.

È tranquillo l'Oceano Pacifico?
Sì, l'Oceano Pacifico è tranquillo e immenso.

È immensa la terra?
Sì, la terra è immensa.

È bella la stella?
Oh sì, la stella è bella.

la stella

Ci sono molte stelle nel cielo?
Sì, nel cielo ci sono moltissime stelle.

Sono belle le stelle?
Sì, le stelle sono bellissime.

molte stelle

È bella la luna?
Sì, la luna è bellissima.

È romantica la luna?
Sì, la luna è molto romantica.

la luna

Che cosa produce il sole?
Il sole produce luce e calore.

il sole

È caldo il sole?
Sì, il sole è caldo.

È bella la luce del sole?
Sì, la luce del sole è bella.

È bella la luce della luna?
Sì, la luce della luna è bellissima.

È naturale la luce della luna?
Sì, la luce della luna è naturale.

È artificiale la luce elettrica?
Sì, la luce elettrica è artificiale.

C'è molta luce a Roma di notte?
Sì, a Roma di notte c'è moltissima luce.

Sono belle le fontane illuminate?
Sì, le fontane illuminate sono bellissime.

Sono belli i parchi a Roma?
Sì, i parchi sono bellissimi.

Ci sono molti fiori nei parchi?
Sì, nei parchi ci sono milioni di fiori.

A che ora è la mezzanotte?
La mezzanotte è alle dodici.

Buona notte!
Good night!

LEZIONE NUMERO TREDICI

13

Suono la chitarra.
(*I play the guitar.*)

VOCABOLARIO

italiano, *Italian*
inglese, *English*
il vocabolario, *the vocabulary*
il piano, *the piano*
bellissima, *very beautiful (fem.)*
   in una casa, *in a house*
in un appartamento, *in an apartment*
letteratura italiana, *Italian literature*

in classe, *in class*
a casa, *at home*
molto, *much, a lot*
moltissimo, *very much*
dove? *where?*

parlo, *I speak*
studio, *I study*
abito, *I live*
suono, *I play (a musical
  instrument)*

parla? *do you speak?*
studia? *do you study?*
abita? *do you live?*
suona? *do you play?*
  (a musical instrument)

   non parlo, *I don't speak*
   non abito, *I don't live*

CONVERSAZIONE

Parla italiano? *Do you speak Italian?*
Sì, parlo italiano. *Yes, I speak Italian.*

Parla italiano in classe?
Sì, in classe parlo italiano.

Parla italiano a casa?
No, a casa non parlo italiano.

Parla inglese?
Sì, parlo inglese.

Parla inglese in classe?
No, in classe non parlo inglese.
Parlo italiano.

Studia il vocabolario in classe?
Sì, in classe studio il vocabolario.

Studia molto?
Sì, studio moltissimo.

Studia letteratura italiana in classe?
Sì, in classe studio letteratura italiana.
La letteratura italiana è bellissima.

Dove abita?
Abito in un appartamento.

Abita in una casa?
No, non abito in una casa.
Abito in un appartamento.

una casa

Suona la chitarra?
Sì, suono la chitarra.

Suona il piano?
Sì, suono il piano.

il piano

LEZIONE NUMERO QUATTORDICI

14

Present Tense Verb Endings

ARE Verbs

Remove ARE from the infinitive and add the following endings:

I	**o**	**iamo**	*we*
you, he, she	**a**	**ano**	*you (pl.), they*

Examples:

parlare, *to speak*

I speak	**parlo**	**parliamo**	*we speak*
you speak, *he speaks,* *she speaks*	**parla**	**parlano**	*you (pl.) speak,* *they speak*

studiare, *to study*

I study	**studio**	**studiamo**	*we study*
you study, *he studies,* *she studies*	**studia**	**studiano**	*you (pl.) study,* *they study*

VOCABOLARIO

italiano, *Italian*
inglese, *English*
in classe, *in class*

la letteratura, *the literature*
bene, *well*
molto bene, *very well*

parlano, *they speak, do they speak?*
parliamo, *we speak, do we speak?*
non parliamo, *we don't speak*
studiamo, *we study, do we study?*

CONVERSAZIONE

Parlano italiano? *Do they speak Italian?*
Sì, parlano italiano. *Yes, they speak Italian.*

Parlano bene?
Sì, parlano molto bene.

Parlano inglese?
Sì, parlano inglese molto bene.

Parliamo italiano in classe? *Do we speak Italian in class?*
Sì, in classe parliamo italiano. *Yes, we speak Italian in class.*

Parliamo inglese in classe?
No, in classe non parliamo inglese.

Studiamo l'italiano? *Do we study Italian?*
Sì, studiamo l'italiano.

Studiamo la letteratura italiana?
Sì, studiamo la letteratura italiana. È molto bella.

Studia l'italiano?	*Do you (sing.) study Italian?*
	Does he study Italian?
	Does she study Italian?
Studia l'italiano.	*You (sing.) study Italian.*
	He studies Italian.
	She studies Italian.
Parla inglese?	*Do you (sing.) speak English?*
	Does he speak English?
	Does she speak English?
Parla inglese.	*You (sing.) speak English.*
	He speaks English.
	She speaks English.

Il bambino dorme molto.
(*The baby sleeps a lot.*)

Present Tense Verb Endings

ERE and IRE Verbs

Remove ERE or IRE from the infinitive and add the following endings:

I	**o**	**iamo**	*we*
you, he, she	**e**	**ono**	*you (pl.), they*

Examples:

vendere, *to sell*

I sell	**vendo**	**vendiamo**	*we sell*
you sell, *he sells,* *she sells*	**vende**	**vendono**	*you (pl.) sell,* *they sell*

dormire, *to sleep*

I sleep	**dormo**	**dormiamo**	*we sleep*
you sleep, *he sleeps,* *she sleeps*	**dorme**	**dormono**	*you (pl.) sleep,* *they sleep*

VOCABOLARIO

la lezione, the lesson
il divano, the sofa
il letto, *the bed*
sul, *on the (masc. sing.)*
sul divano, *on the sofa*
sul letto, *on the bed*
fiori, *flowers*

libri, *books*
lettere, *letters*
molte lettere, *many letters*
molto, *much, a lot; very*
bene, *well*
molto bene, *very well*
dove? *where?*

vendo, *I sell*
scrivo, *I write*
dormo, *I sleep*

vende? *do you sell?*
scrive? *do you write?*
dorme? *do you sleep?*

non vendo, *I don't sell*
non dormo, *I don't sleep*

libri

CONVERSAZIONE

Vende libri? *Do you sell books?*
No, non vendo libri. *No, I don't sell books.*

Vende fiori?
No, non vendo fiori.

Scrive la lezione?
Sì, scrivo la lezione.

Scrive molto in classe?
Sì, in classe scrivo molto.

Scrive lettere?
Sì, scrivo molte lettere.

Dorme bene?
Sì, dormo molto bene.

Dove dorme?
Dormo sul letto.

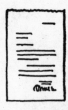

la lettera

Dorme sul divano?
No, non dormo sul divano. Dormo
sul letto.

Dorme molto il bambino?
Sì, il bambino dorme molto.

Dorme bene il bambino?
Sì, il bambino dorme bene.

un letto

Useful Expressions

Credo che è interessante.	*I think that it's interesting.*
Credo che è importante.	*I think it's important.*
Credo che è tardi.	*I think it's late.*
Credo che è terribile.	*I think it's terrible.*
Credo che è possibile.	*I think it's possible.*
Credo che è bellissimo.	*I think it's very beautiful.*
Capisco.	*I understand.*
Non capisco.	*I don't understand.*
Capisce?	*Do you understand?*
Mi dispiace.	*I'm sorry. (It displeases me.)*

LEZIONE NUMERO SEDICI

16

VOCABOLARIO

il braccio, *the arm*

il piede, *the foot*

il cuore, *the heart*

il corpo, *the body*

del, *of the (masc. sing.)*

del corpo, *of the body*

la testa, *the head*

la mano, *the hand*

la gamba, *the leg*

la mamma, *the mother*

la famiglia, *the family*

della, *of the (fem. sing.)*

della famiglia, *of the family*

una parte, *a part*

il gatto, *the cat*

la tigre, *the tiger*

un animale, *an animal*

feroce, *wild*

gentile, *nice*

ma no, *but no*

che cosa è? *what is?* *(what thing is?)*

una parte del corpo, *a part of the body*

il cuore della famiglia, *the heart of the family*

molto, *very*

La testa è una parte del corpo.

Il braccio è una parte del corpo.

La mano è una parte del corpo.

La gamba è una parte del corpo.

Il piede è una parte del corpo.

CONVERSAZIONE

Che cosa è la testa? *What is the head?*

La testa è una parte del corpo. *The head is a part of the body.*

È il gatto una parte del corpo?
Oh no, il gatto non è una parte del corpo.

Che cosa è il gatto?
Il gatto è un animale.

Che cosa è la tigre?
La tigre è un animale.

il gatto

È feroce la tigre?
Sì, la tigre è molto feroce.

È feroce il professore?
Ma no, il professore non è feroce.
Il professore è molto gentile.

È il braccio un animale?
Oh no, il braccio non è un animale.
Il braccio è una parte del corpo.

È la mano una parte del corpo?
Sì, la mano è una parte del corpo.

il professore

Che cosa è la gamba?
La gamba è una parte del corpo.

Che cosa è il piede?
Il piede è una parte del corpo.

Che cosa è il cuore?
Il cuore è una parte del corpo.

È la mamma il cuore della famiglia?
Oh sì, la mamma è il cuore della famiglia.

il cuore

| *Singular:* | la mano | il piede | la gamba |
| *Plural:* | le mani | i piedi | le gambe |

17

VOCABOLARIO

il naso, *the nose*	**i colori,** *the colors*
la bocca, *the mouth*	**nel,** *in the (masc. sing.)*
gli occhi, *the eyes*	**nel ristorante,** *in the restaurant*
il profumo, *the perfume*	**generalmente,** *generally*
la mia, *my (fem. sing.)*	**qualche volta,** *sometimes*
la mia famiglia, *my family*	**molto,** *much, a lot; very*
la sua, *your (sing. fem.)*	**con,** *with*
la sua famiglia, *your family*	**a casa,** *at home*

le piace? *do you like?*
mi piace, *I like*
mi piace molto, *I like it very much*
vedo, *I see*   **vede?** *do you see?*
sento, *I smell*   **sente?** *do you smell?*
mangio, *I eat*   **mangia?** *do you eat?*
non mangio, *I don't eat (I am not eating)*

Vedo con gli occhi.

Sento con il naso.

Mangio con la bocca.

CONVERSAZIONE

Vede con gli occhi? *Do you see with your (the) eyes?*
Sì, vedo con gli occhi. *Yes, I see with my (the) eyes.*

Vede i colori?
Sì, vedo i colori.

Sente con il naso?
Sì, sento con il naso.

Sente il profumo?
Sì, sento il profumo.

Le piace il profumo?
Sì, il profumo mi piace molto.

Mangia con la bocca?
Sì, mangio con la bocca.

Mangia molto?
No, non mangio molto.

Mangia a casa?
Sì, generalmente mangio a casa.

Mangia nel ristorante?
Sì, qualche volta mangio nel ristorante.

Mangia con la sua famiglia?
Sì, mangio con la mia famiglia.

LEZIONE NUMERO DICIOTTO

18

VOCABOLARIO

il sole, *the sun*
la luna, *the moon*
un pollo, *a chicken*
un coniglio, *a rabbit*
un porco, *a pig*
un pacco, *a package*
un piroscafo, *a ship*

una mela, *an apple*
una pera, *a pear*
una scimmia, *a monkey*
i piselli, *the peas*
le scarpe, *the shoes*
il mio nonno, *my grandfather*
che cosa? *what? (what thing?)*

chi è? *who is it?*
vede? *do you see?*
vedo, *I see*

CONVERSAZIONE

Che cosa vede?
What do you see?

Vedo un gatto.
I see a cat.

Che cosa vede?

Vedo un pollo.

Che cosa vede?

Vedo una rosa.

Che cosa vede?

Vedo le scarpe.

Che cosa vede?

Vedo un cappello.

Che cosa vede?

Vedo l'autobus.

59

Che cosa vede? Vedo una pera.

Che cosa vede? Vedo una mela.

Che cosa vede? Vedo il sole.

Che cosa vede? Vedo la luna.

Che cosa vede?  Vedo un pacco.

Che cosa vede? Vedo un coniglio.

Che cosa vede? Vedo i piselli.

Che cosa vede? Vedo un piroscafo.

Che cosa vede? Vedo una scimmia.

Che cosa vede? Vedo un porco.

Chi è? È il mio nonno.
Who is it? *It's my grandfather.*

LEZIONE NUMERO DICIANNOVE

19

cammino   corro   salto

VOCABOLARIO

il pesce, *the fish*
il coniglio, *the rabbit*
l'oca, *the goose*
quale animale? *which animal?*
adagio, *slowly*
presto, *fast*

bianca, *white (fem. sing.)*
molto, *much, a lot; very*
bene, *well*
benissimo, *very well*
ma no, *but no*
Lei, *you*

NOTE: Subject pronouns (I, you, he, etc.) are most often dropped in Italian conversation, but sometimes the word LEI (*you*) is used in a question.
Example: Nuota Lei? *Do you swim? (Swim you?)*

cammino, *I walk*
nuoto, *I swim*
salto, *I jump*
corro, *I run*
salta, *he jumps, she jumps, it jumps*
nuota, *he swims, she swims, it swims*

cammina? *do you walk?*
nuota? *do you swim?*
salta? *do you jump?*
corre? *do you run?*

    non cammino, *I don't walk*
    non salto, *I don't jump*
    non corro, *I don't run*

CONVERSAZIONE

il coniglio

Cammina molto? *Do you walk a lot?*
Sì, cammino molto. *Yes, I walk a lot.*

Cammina adagio?
No, non cammino adagio.

Cammina presto?
Sì, cammino presto.

Corre molto?
No, non corro molto.

Salta molto?
Ma no, non salto molto.

Quale animale salta molto?
Il coniglio salta molto.

Non nuoto nella tinozza.
I don't swim in the bathtub.

Nuota Lei?
Sì, nuoto molto.

Nuota bene?
Sì, nuoto bene.

Nuota bene Roberto?
Sì, Roberto nuota molto bene.

il pesce

Nuota bene il pesce?
Sì, il pesce nuota benissimo.

Nuota bene l'oca?
Sì, l'oca nuota molto bene.

È bianca l'oca?
Sì, l'oca è bianca.

l'oca
the goose

la lettera

VOCABOLARIO

il libro, *the book*

il giornale, *the newspaper*

nel, *in the (masc. sing.)*

nel giornale, *in the newspaper*

il giornalista, *the journalist*

il poeta, *the poet*

un autore, *an author*

l'indirizzo, *the address*

la busta, *the envelope*

sulla, *on the (fem. sing.)*

sulla busta, *on the envelope*

la segretaria, *the secretary*

a macchina, *on the typewriter*

molte lettere, *many letters*

libri, *books*

articoli, *articles*

poesie, *poems*

romanzi, *novels*

una persona, *a person*

una penna, *a pen*

le sue, *your (fem. pl.)*

le mie, *my (fem. pl.)*

con, *with*

ma no, *but no*

chi, *who*

Lei, *you*

o, *or*

che cosa? *what?*

molti romanzi italiani, *many Italian novels*

le sue lettere d'amore, *your love letters*

scrivo, *I write*   scrive? *do you write?*

leggo, *I read*   legge? *do you read?*

scrive, *he writes, she writes*

non scrivo, *I don't write*

non leggo, *I don't read*

CONVERSAZIONE

Scrive molte lettere? *Do you write many letters?*
Sì, scrivo molte lettere. *Yes, I write many letters.*

Scrive libri?
No, non scrivo libri.

Che cosa è un autore?
Un autore è una persona chi scrive libri,
articoli o poesie.

Che cosa scrive il giornalista?
Il giornalista scrive articoli.

Scrive Lei articoli?
No, non scrivo articoli.

Che cosa scrive la segretaria?
La segretaria scrive lettere.

Che cosa scrive il poeta?
Il poeta scrive poesie.

Scrive Lei poesie?
No, non scrivo poesie.

Scrive a macchina?
Sì, scrivo a macchina.

Scrive con una penna?
Sì, scrivo con una penna.

Che cosa scrive Lei sulla busta?
Scrivo l'indirizzo sulla busta.

Scrive romanzi?
No, non scrivo romanzi.

la busta

Legge romanzi?
Sì, leggo molti romanzi italiani.
Sono bellissimi.

Legge poesie?
Sì, leggo poesie.

Legge articoli nel giornale?
Sì, leggo articoli nel giornale.

Legge molto?
Sì, leggo moltissimo.

Legge il libro in classe?
Sì, leggo il libro in classe.

il libro

Legge il giornale in classe?
Oh no, non leggo il giornale in classe.
In classe leggo la lezione.

Legge le sue lettere d'amore in classe?
Ma no, in classe non leggo le mie lettere d'amore.

LEZIONE NUMERO VENTUNO
21

un aeroplano

VOCABOLARIO

un' automobile, *a car*
un aeroplano, *a plane*
un fonografo, *a phonograph*
un disco, *a record*
molti dischi, *many records*
un televisore, *a television set*
un orologio, *a watch*
un cane, *a dog*
un porco, *a pig*
un giardino, *a garden*
nel giardino, *in the garden*
un albero, *a tree*

fiori, *flowers*
una chitarra, *a guitar*
una radio, *a radio*
una terrazza, *a terrace*
sulla, *on the (fem. sing.)*
sulla terrazza, *on the terrace*
una tavola, *a table*
rotonda, *round*
eccellente, *excellent*
a casa, *at home*
c'è, *there is, is there?*
ci sono, *there are, are there?*

ho, *I have*
non ho, *I haven't*
ha? *have you?*

NOTE: As a rule, adjectives follow nouns in Italian.
    Examples:
        un gatto nero, *a black cat* (*a cat black*)
        una tavola rotonda, *a round table*
        una casa grande, *a big house*
Exceptions: Adjectives of quantity precede the noun.
    Examples:
        molto caffè, *much coffee*
        molti fiori, *many flowers*
When you wish to emphasize an adjective, place it before
the noun.
    Examples:
        È un simpatico ragazzo.
        He's a charming boy.
        È una bella ragazza.
        She's a beautiful girl.

CONVERSAZIONE

Ha un' automobile? *Have you a car?*
Sì, ho un' automobile. *Yes, I have a car.*

un' automobile

Ha un aeroplano?
Ma no, non ho un aeroplano.

Ha una chitarra?
Sì, ho una chitarra bellissima.

Ha un piano?
Sì, ho un piano bellissimo.

un piano

Ha una radio?
Sì, ho una radio grande.

Ha un orologio?
Sì, ho un orologio.

un orologio

Ha un televisore?
Sì, ho un televisore.

Ha un fonografo a casa?
Sì, ho un fonografo eccellente.

Ha un disco?
No, non ho un disco. Ho molti dischi.

Ha un porco a casa?
Ma no, a casa non ho un porco.

un porco

Ha un cane a casa?
Sì, a casa ho un cane.

Ha molti libri a casa?
Sì, a casa ho molti libri.

Ha molto denaro?
No, non ho molto denaro.

Ha un giardino?
Sì, ho un giardino bellissimo.

un albero

C'è un albero nel giardino?
Sì, nel giardino c'è un albero.

Ha una terrazza?
Sì, ho una terrazza molto grande.

denaro
money

C'è una tavola sulla terrazza?
Sì, c'è una tavola rotonda sulla terrazza.

Ci sono fiori sulla terrazza?
Sì, ci sono molti fiori sulla terrazza.

Useful Expressions

Ho fame. *I'm hungry. (I have hunger.)*
Ho sete. *I'm thirsty. (I have thirst.)*
Ho freddo. *I'm cold.*
Ho caldo. *I'm hot.*
Non ho tempo. *I haven't time.*

NOTE: At this point I think that it will help you to read about adjectives in the grammar section. However, don't think of these words as adjectives; think of them as words that lend color and grace to the Italian language. Read the Italian words in this section aloud. Remember to read all Italian words and sentences with enthusiasm. Turn to Grammar Section 3, "ADJECTIVES," page 138.

LEZIONE NUMERO VENTIDUE

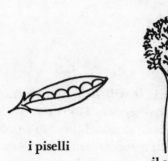

i piselli   il sedano   le cipolle

VOCABOLARIO

caffè, *coffee*

burro, *butter*

sedano, *celery*

una bistecca, *a beefsteak*

la medicina, *the medicine*

l'insalata, *the salad*

per, *for*

per cena, *for dinner*

mia mamma, *my mother*

sua mamma, *your mother*

un canarino, *a canary*

in casa, *at home (in the house)*

frutta, *fruits*

olive, *olives*

asparagi, *asparagus*

pomodori, *tomatoes*

gli spinaci, *the spinach*

le cipolle, *the onions*

le caramelle, *the caramels, candy*

violette, *violets*

tulipani, *tulips*

e, *and*

ho, *I have*

detesto, *I detest*

ho comprato, *I bought (I have bought)*

ha comprato? *did you buy? (have you bought?)*

non ho comprato, *I didn't buy (I haven't bought)*

le piace? *do you like? (one thing)*

mi piace, *I like (one thing)*

le piacciono? *do you like? (more than one thing)*

non mi piacciono, *I don't like (more than one thing)*

NOTE: In Italian, the written accent generally appears on the last letter of a word or on a single-letter word. Examples: città, *city;* caffè, *coffee;* è, *is*

CONVERSAZIONE

Ha comprato burro? *Did you buy butter?*
Sì, ho comprato burro. *Yes, I bought butter.*

Ha comprato olive?
Sì, ho comprato olive.

Ha comprato la medicina per sua mamma?
Sì, ho comprato la medicina per mia mamma.

Ha comprato frutta?
Sì, ho comprato banane e pere.

pere

Ha comprato fiori?
Sì, ho comprato molti fiori. Ho comprato rose, violette e tulipani.

Ha comprato caramelle?
Sì, ho comprato caramelle per il bambino.

Sono deliziose le caramelle?
Sì, le caramelle sono molto deliziose.

Ha comprato caffè?
Sì, ho comprato caffè.

Ha comprato una bistecca per cena?
Sì, ho comprato una bistecca grande per cena.

Ha comprato asparagi per cena?
Sì, ho comprato asparagi per cena.

Ha comprato spinaci?
Sì, ho comprato spinaci.

Le piacciono gli spinaci?
No, gli spinaci non mi piacciono.
Detesto gli spinaci.

Ha comprato pomodori per l'insalata?
Sì, ho comprato pomodori per l'insalata.

pomodori

Ha comprato sedano?
Sì, ho comprato sedano.

Le piace il sedano?
Sì, il sedano mi piace molto.

Ha comprato cipolle?
Sì, ho comprato cipolle per l'insalata.

le cipolle

Sono deliziose le cipolle?
Sì, le cipolle sono deliziose.

Ha comprato un canarino?

un canarino

No, non ho comprato un canarino. Ho un canarino bello
in casa.

LEZIONE NUMERO VENTITRÈ

23

una camicia

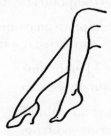

calze

VOCABOLARIO

un ombrello, *an umbrella*
l'ombrello, *the umbrella*
un vestito, *a dress, a suit*
un mantello, *a coat*
i guanti, *the gloves*
le scarpe, *the shoes*
calze, *stockings*
calzini, *socks*
a casa, *at home*
mio, *my (masc. sing.)*
mia, *my (fem. sing.)*
suo, *your (masc. sing.)*
sua, *your (fem. sing.)*

una cravatta, *a necktie*
una camicia, *a shirt*
una gonna, *a skirt*
una valigia, *a suitcase*
una scimmia, *a monkey*
stamani, *this morning*
dove è? *where is?*
per, *for*
che cosa? *what?*

padre, *father*
mamma, *mother*
fratello, *brother*
sorella, *sister*

Lei, *you*
ha Lei? *have you?*
ho, *I have*
blu, *blue*

ha comprato? *did you buy? (have you bought?)*
ho comprato, *I bought (I have bought)*
non ho comprato, *I didn't buy*

73

Ha comprato una valigia? *Did you buy a suitcase?*
Sì, ho comprato una valigia stamani. *Yes, I bought a suitcase this morning.*

Ha comprato le scarpe?
Sì, ho comprato le scarpe.

le scarpe

Ha comprato un ombrello stamani?
Sì, stamani ho comprato un ombrello per mio padre.

Dove è l'ombrello?
L'ombrello è a casa.

Ha Lei un ombrello?
Sì, ho un ombrello.

Ha comprato un vestito per sua mamma? **un ombrello**
Sì, ho comprato un vestito bellissimo per mia mamma.

Ha comprato un mantello per sua sorella?
Sì, ho comprato un mantello blu per mia sorella.

Ha comprato una scimmia per suo fratello?
Ma no, non ho comprato una scimmia per mio fratello.

Che cosa ha comprato per suo fratello?
Ho comprato una camicia.

Ha comprato guanti?
Sì, ho comprato guanti stamani.

Sono belli i guanti? **una scimmia**
Sì, i guanti sono belli.

Che cosa ha comprato per sua sorella?
Ho comprato una gonna per mia sorella.

guanti

74

una gonna

una cravatta

Che cosa ha comprato per suo padre?
Ho comprato un vestito.

Ha comprato una cravatta per suo fratello?
Sì, ho comprato una cravatta.

È bella la cravatta?
Sì, la cravatta è bellissima.

Ha comprato calzini per il bambino?
Sì, ho comprato calzini.

calzini

LEZIONE NUMERO VENTIQUATTRO

24

la spiaggia

i miei amici
my friends

VOCABOLARIO

il mare, *the sea*
nel, *in the (masc. sing.)*
nel mare, *in the sea*
la spiaggia, *the beach*
sulla, *on the (fem. sing.)*
sulla spiaggia, *on the beach*
la chitarra, *the guitar*
canzoni italiane, *Italian songs*
con i miei amici, *with my friends (with the my friends)*
con i suoi amici, *with your friends (with the your friends)*
abbiamo camminato, *we walked*
abbiamo mangiato, *we ate*

cantare, *to sing*
tutti, *all, all of us*
ieri, *yesterday*
impossibile, *impossible*
dove? *where?*
non c'è, *there isn't*
bene, *well*

ho nuotato, *I swam*
ho suonato, *I played*
ho cantato, *I sang*
ho mangiato, *I ate*
ho camminato, *I walked*
mi piace, *I like*

ha nuotato? *did you swim?*
ha suonato? *did you play?*
ha cantato? *did you sing?*
ha mangiato, *did you eat?*
ha camminato? *did you walk?*
le piace? *do you like?*

non ho suonato, *I didn't play*

CONVERSAZIONE

Ha nuotato ieri? *Did you swim yesterday?*
Sì, ho nuotato ieri. *Yes, I swam yesterday.*

Ha nuotato molto?
Sì, ho nuotato molto.

Dove ha nuotato?
Ho nuotato nel mare.

È bello il mare?
Sì, il mare è bellissimo.

Le piace il mare?
Oh sì, il mare mi piace molto.

È bella la spiaggia?
Sì, la spiaggia è molto bella.

il piano

Ha suonato la chitarra sulla spiaggia?
Sì, ho suonato la chitarra sulla spiaggia.

Ha suonato il piano sulla spiaggia?
Ma no, non ho suonato il piano sulla spiaggia. È impossibile. Non c'è un piano sulla spiaggia.

Ha cantato sulla spiaggia?
Sì, ho cantato con i miei amici. Ho cantato canzoni italiane. Mi piace molto cantare canzoni italiane.

Ha camminato sulla spiaggia?
Sì, ho camminato molto sulla spiaggia.

Ha camminato con i suoi amici?
Sì, ho camminato con i miei amici. Tutti abbiamo camminato molto.

Ha mangiato con i suoi amici?
Sì, ho mangiato con i miei amici. Abbiamo mangiato bene.

LEZIONE NUMERO
VENTICINQUE

25

Generally musical instructions are written in Italian. When you pick up a sheet of music, you see many Italian words on it. These words are not only musical terms, but common everyday words of the Italian language.

ADAGIO—*slowly*
Cammino adagio. *I walk slowly. I am walking slowly.*
Il presidente parla adagio. *The president speaks slowly. The president is speaking slowly.*

PRESTO—*fast*
Cammino presto. *I walk fast.*
Roberto parla molto presto. *Robert talks very fast.*

SCHERZO—*joke*
È un scherzo. *It's a joke.*
Che scherzo! *What a joke!*
Scherza? *Are you joking?*
"Scherzare" means "to joke."
PIANO—*softly, gently*
Piano, piano si va lontano. *Gently, gently one goes far.*
Roberto canta piano. *Robert sings softly.*
"Pianissimo" means "very softly."

FORTE—*loud, strong*
Alberto è forte. *Albert is strong.*
La radio è troppo forte. *The radio is too loud.*
"Fortissimo" means "very loud."

PIANOFORTE
The Italian who invented the
soft pedal and the loud pedal
named the piano "soft and loud":
pianoforte.
La musica italiana è molto allegra. *Italian music is very gay.*
È una festa allegra. *It's a gay party.*
ALLEGRO—*gay, cheerful*
PIZZICATO—*pinched*
Chi mi ha pizzicato? *Who pinched me?*
"Pizzicare" means "to pinch."
Il bambino sta crescendo molto presto.
The baby is growing very fast.
CRESCENDO—*growing*
"Crescere" means "to grow."

Ho lavato la biancheria.
I washed the clothes.

VOCABOLARIO

un telegramma, *a telegram*

un pacco, *a package*

un dono, *a present*

il museo, *the museum*

nel, *in the (masc. sing.)*

nel museo, *in the museum*

ieri, *yesterday*

ieri sera, *last night*

ma no, *but no*

un romanzo, *a novel*

quadri, *pictures, paintings*

le statue, *the statues*

meravigliosa (fem.), *wonderful*

importante, *important*

la mia, *my (fem. sing.)*

la sua, *your (fem. sing.)*

in casa, *at home (in the house)*

che cosa ha fatto? *what did you do?*

una biografia di Dante, *a biography of Dante*

quadri di Leonardo da Vinci, *paintings by Leonardo da Vinci*

ho lavorato, *I worked*	ha lavorato? *did you work?*
ho letto, *I read*	ha letto? *did you read?*
ho ricevuto, *I received*	ha ricevuto? *did you receive?*
ho venduto, *I sold*	ha venduto? *did you sell?*
ho veduto, *I saw*	ha veduto? *did you see?*
ho lavato, *I washed*	ha lavato? *did you wash?*

non ho venduto, *I didn't sell*

CONVERSAZIONE

Che cosa ha fatto ieri? *What did you do yesterday?*
Ieri ho lavorato molto. *Yesterday I worked a lot.*

Ha lavorato in casa?
Sì, ho lavorato in casa.

Ha lavato la biancheria? *Did you wash the clothes?*
Sì, ho lavato la biancheria. *Yes, I washed the clothes.*

Ha letto ieri?
Sì, ho letto ieri sera. Ho letto un romanzo italiano e una
    biografia di Dante.

Ha ricevuto un telegramma ieri?
Sì, ho ricevuto un telegramma molto importante ieri.

Ha ricevuto un pacco ieri?
Sì, ho ricevuto un pacco ieri.

Ha ricevuto un dono ieri?
Sì, ho ricevuto un dono bellissimo ieri.
Ho ricevuto una radio.

un pacco

Ha venduto la radio?
Ma no, non ho venduto la radio.
La radio è un dono.

Ha venduto la chitarra?
No, non ho venduto la chitarra.

la chitarra

Ha veduto la mia chitarra?
Sì, ho veduto la sua chitarra. È meravigliosa.

Ha veduto le statue nel museo?
Sì, ho veduto le statue nel museo.

Sono belle?
Sì, sono bellissime.

Ha veduto quadri nel museo?
Sì, ho veduto molti quadri belli nel museo.

Ha veduto quadri di Leonardo da Vinci nel museo?
Sì, ho veduto molti quadri di Leonardo da Vinci nel museo.

NOTE: There are two ways to say "I saw" in Italian: *ho veduto, ho visto.* Use whichever you like.

Useful Expressions

Va bene? *Is it O.K.?*
Va bene. *It's O.K.*
Benissimo. *Fine.*
Peccato. *It's a pity. (Peccato actually means "sin.")*

LEZIONE NUMERO VENTISETTE

27

VOCABOLARIO

il giornale, *the newspaper*
un articolo, *an article*
una composizione, *a composition*
una lingua, *a language*
interessante, *interesting*
impossibile, *impossible*
musicale, *musical*

ieri sera, *last night*
stamani, *this morning*
oggi, *today*
nel, *in the (masc. sing.)*
nel parco, *in the park*
per, *for*
Lei, *you*

molto bene, *very well*
con molto entusiasmo, *with much enthusiasm*
ha parlato, *he talked*
ha dormito, *he slept*
abbiamo parlato, *we talked*
ho visto, *I saw*
mi piace, *I like*

ho parlato, *I talked*
ho finito, *I finished*
ho capito, *I understood*
ho scritto, *I wrote*
ho dormito, *I slept*

ha parlato? *did you talk?*
ha finito? *did you finish?*
ha capito? *did you understand?*
ha scritto? *did you write?*
ha dormito? *did you sleep?*

non ho scritto, *I didn't write*
non ho dormito, *I didn't sleep*

CONVERSAZIONE

Ha finito la lezione? *Did you finish the lesson?*
Sì, ho finito la lezione. *Yes, I finished the lesson.*

Ha capito la lezione?
Sì, ho capito la lezione.

Ha capito la conversazione in classe?
Sì, ho capito la conversazione molto bene.

Ha scritto una composizione per la classe?
Sì, ho scritto una composizione per la classe.

il parco

Ha finito la composizione?
Sì, ho finito la composizione ieri sera.

Ha scritto un articolo per il giornale?
No, non ho scritto un articolo per il giornale.
Ho scritto la composizione per la classe.

Ha dormito Lei in classe?
Ma no, non ho dormito in classe. È impossibile.
La classe è molto interessante.

Ha dormito in classe il professore?
Ma no, il professore non ha dormito in classe.
Il professore ha parlato con molto entusiasmo.

Ha parlato Lei italiano?
Sì, ho parlato italiano oggi. Stamani ho visto Maria nel
   parco. Abbiamo parlato italiano. L'italiano è una lingua
   bella e musicale. Mi piace molto.

ARE verbs end in ATO in the past tense.
Examples:
   ho parlato, *I spoke, I talked*
   ho cantato, *I sang*

ERE verbs end in UTO in the past tense.
Examples:
   ho veduto, *I saw*
   ho venduto, *I sold*

IRE verbs end in ITO in the past tense.
Examples:
  ho finito, *I finished*
  ho dormito, *I slept*

REMEMBER:

  ARE—ATO
  ERE—UTO
  IRE—ITO

Sample Verb

comprare, *to buy*

I bought	ho comprato	abbiamo comprato	*we bought*
you bought, *he bought,* *she bought*	ha comprato	hanno comprato	*you (pl.) bought,* *they bought*

LEZIONE NUMERO VENTOTTO

28

la spiaggia

VOCABOLARIO

vado, *I'm going*
va? *are you going?*

al, *to the (masc. sing.)*	**turisti,** *tourists*
al cinema, *to the movies*	**ristoranti,** *restaurants*
al concerto, *to the concert*	**il panorama,** *the panorama*
al ristorante, *to the restaurant*	**alla,** *to the (fem. sing.)*
a un albergo, *to a hotel*	**alla spiaggia,** *to the beach*
a Capri, *to Capri, in Capri*	**i piatti,** *the dishes, the plates*
eccellente, *excellent*	**col piroscafo,** *by ship*
ci sono, *there are, are there?*	**domani,** *tomorrow*
molti, *(masc. pl.) many*	**stasera,** *tonight*
deliziosi, *(masc. pl.) delicious*	**con,** *with*

meravigliosi, *(masc. pl.) wonderful*
con i suoi amici, *with your friends*
con i miei amici, *with my friends*
il panorama di notte, *the panorama by night*
spiaggie belle, *beautiful beaches*

CONVERSAZIONE

Va al parco? *Are you going to the park?*
Sì, vado al parco. *Yes, I'm going to the park.*

Va al parco con Maria?
Sì, vado al parco con Maria. **il parco**

Va al cinema?
Sì, domani vado al cinema.

Va al concerto?
Sì, stasera vado al concerto.

Va al concerto con i suoi amici?
Sì, vado al concerto con i miei amici.

Va alla spiaggia domani?
Sì, domani vado alla spiaggia.

Dove va?
Vado a Capri.

Ci sono spiaggie belle a Capri?
Sì, a Capri ci sono bellissime spiaggie.

Ci sono turisti a Capri?
Oh sì, a Capri ci sono molti turisti.

È bello il panorama a Capri?
Sì, il panorama a Capri è bellissimo.

È bello il panorama di notte?
Sì, il panorama di notte è molto bello.

Va al ristorante con i suoi amici?
Sì, vado al ristorante con i miei amici.

Ci sono molti ristoranti a Capri?
Sì, a Capri ci sono molti ristoranti meravigliosi.

Sono deliziosi i piatti italiani?
Sì, i piatti italiani sono meravigliosi.

Va a un albergo?
Sì, vado a un albergo eccellente.

Va a Capri col piroscafo?
Sì, vado a un albergo eccellente.

un piroscafo

LEZIONE NUMERO VENTINOVE

29

VOCABOLARIO

voglio, *I want*
vuole? *do you want?*
non voglio, *I don't want*

al, *to the (masc. sing.)*	**un'insalata,** *a salad*
al parco, *to the park*	**gelato,** *ice cream*
al concerto, *to the concert*	**domenica,** *Sunday, on Sunday*
andare, *to go*	**oggi,** *today*
nuotare, *to swim*	**stasera,** *tonight*
mangiare, *to eat*	**domani,** *tomorrow*
camminare, *to walk*	**in Italia,** *to Italy*
parlare, *to talk, to speak*	**a Milano,** *to Milan*
prendere, *to take*	**con me,** *with me*
un tassì, *a taxi*	**con Lei,** *with you*
alla spiaggia, *to the beach*	**a che ora?** *at what time?*
sulla spiaggia, *on the beach*	**alle otto,** *at eight o'clock*
naturalmente, *naturally*	**mi piace,** *I like*

andare in campagna, *to go to the country*
tornare a casa, *to return home*
mi piace molto, *I like (it) very much*
una città, *a city*

CONVERSAZIONE

Vuole andare alla spiaggia oggi?
Do you want to go to the beach today?
Sì, oggi voglio andare alla spiaggia.
Yes, I want to go to the beach today.

Vuole nuotare?
Sì, naturalmente voglio nuotare.
Mi piace molto nuotare.

Vuole mangiare sulla spiaggia?
Sì, voglio mangiare sulla spiaggia.

camminare
to walk

Che cosa vuole mangiare?
Voglio mangiare sandwiches, un'insalata e gelato.

A che ora vuole tornare a casa?
Voglio tornare a casa alle otto.

Vuole andare al parco con me?
Sì, voglio andare al parco con Lei.

Vuole camminare?
No, non voglio camminare.
Voglio prendere un tassi.

il parco

Vuole parlare italiano con me?
Sì, voglio parlare italiano con Lei. Mi piace molto.

Vuole andare al concerto stasera?
Sì, stasera voglio andare al concerto.

Vuole andare con Roberto?
Sì, voglio andare con Roberto.

Vuole andare in campagna domenica?
No, non voglio andare in campagna domenica.
Voglio andare in campagna domani.

Vuole andare in Italia?
Oh sì, voglio andare in Italia.

Vuole andare a Milano?
Sì, voglio andare a Milano.

Vuole andare a Venezia?

Sì, voglio andare a Venezia. Venezia è una città molto romantica.

Vuole andare a Napoli?

Sì, naturalmente voglio andare a Napoli.

Napoli è una città bellissima.

NOTE: IN and A mean TO in Italian. Use IN before countries and A before cities. Examples: in Italia, *to Italy;* in Grecia, *to Greece;* a Venezia, *to Venice;* a Napoli, *to Naples*

Useful Expressions

Che cosa vuole dire? *What does it mean? (What does it want to say?)*

Ti voglio bene. *I love you. (Thee I love.)*

Ti voglio molto bene. *I love you very much.*

LEZIONE NUMERO TRENTA

30

il museo

VOCABOLARIO

mi piacerebbe, *I would like*
le piacerebbe? *would you like?*

andare, *to go*
al cinema, *to the movies*
al ristorante, *to the restaurant*
al museo, *to the museum*
a Venezia, *to Venice, in Venice*
a Napoli, *to Naples, in Naples*
in campagna, *to the country*
vedere, *to see*
le gondole, *the gondolas*
romantiche, *(fem. pl.) romantic*
automobili, *cars*
piroscafi, *ships*
canali, *canals*
meravigliosi *(masc. pl.), wonderful*
con me, *with me*   domani, *tomorrow*
con Lei, *with you*   stasera, *tonight*

soltanto, *only*
ci sono, *there are, are there?*
passare le vacanze, *to spend my vacation*
le gondole veneziane, *Venetian gondolas*
i canali veneziani, *the Venetian canals*

CONVERSAZIONE

Le piacerebbe andare al cinema stasera?
Would you like to go to the movies tonight?
Sì, stasera mi piacerebbe andare al cinema.
Yes, I would like to go to the movies tonight.

Le piacerebbe andare al ristorante?
Sì, mi piacerebbe andare al ristorante.

Le piacerebbe andare al museo con me?
Sì, mi piacerebbe andare al museo con Lei.

Le piacerebbe andare in campagna domani?
Oh sì, mi piacerebbe molto andare in campagna domani.

Le piacerebbe andare a Napoli?
Sì, mi piacerebbe andare a Napoli.

Le piacerebbe andare a Venezia?
Sì, mi piacerebbe molto andare a Venezia.

Le piacerebbe passare le vacanze a Venezia?
Sì, mi piacerebbe passare le vacanze a Venezia.

Le piacerebbe vedere le gondole veneziane?
Sì, mi piacerebbe vedere le gondole veneziane.
Sono molto romantiche.

Le piacerebbe vedere i canali veneziani?
Sì, mi piacerebbe molto vedere i canali veneziani.

Ci sono molti canali a Venezia?

Sì, ci sono molti canali a Venezia. I canali veneziani sono meravigliosi.

Ci sono molte gondole a Venezia?
Sì, a Venezia ci sono molte gondole.

Ci sono automobili a Venezia?
No, non ci sono automobili a Venezia.
A Venezia ci sono soltanto gondole e piroscafi.

un piroscafo

Useful Expressions

Grazie. *Thank you.*
Scusi. *Excuse me.*
A domani. *Till tomorrow.*

un'automobile

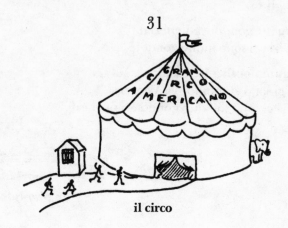

il circo

VOCABOLARIO

posso, *I can*
può? *can you?*
non posso, *I cannot*

il circo, *the circus*
al circo, *to the circus*
leoni, *lions*
gli elefanti, *the elephants*
tigre, *tigers*
le scimmie, *the monkeys*
un pagliaccio, *a clown*
buffo, *funny*
buffe, *(fem. pl.) funny*
qualche volta, *sometimes*
grandi, *(pl.) big*
mi piace, *I like*
le piace? *do you like?*
ci sono, *there are, are there?*
c'è, *there is, is there?*

andare, *to go*
lavorare, *to work*
studiare, *to study*
domenica, *Sunday, on Sunday*
domani, *tomorrow*
stasera, *tonight*
alla, *to the (fem. sing.)*
alla spiaggia, *to the beach*
nel, *in the (masc. sing.)*
nel giardino, *in the garden*
nel circo, *in the circus*
voglio, *I want*
con me, *with me*
con Lei, *with you*

CONVERSAZIONE

Può andare al cinema? *Can you go to the movies?*
Sì, posso andare al cinema. *Yes, I can go to the movies.*

Può andare al cinema stasera?
Sì, stasera posso andare al cinema.

Può andare al concerto con me?
Sì, posso andare al concerto con Lei.

Può andare alla spiaggia domenica?
No, domenica non posso andare alla spiaggia.
Voglio lavorare nel giardino.

Può andare alla classe domani?
Sì, domani posso andare alla classe.

Può studiare stasera?
Sì, stasera posso studiare.

Può lavorare domani?
Sì, domani posso lavorare.

Può andare al circo con me?
Sì, posso andare al circo con Lei.

Le piace il circo?
Sì, il circo mi piace molto.

la scimmia

Ci sono molti animali nel circo?
Sì, nel circo ci sono molti animali.
Ci sono elefanti, leoni, tigre, scimmie, ecc. (eccetera)

Sono grandi gli elefanti?
Sì, gli elefanti sono grandi.

C'è un pagliaccio nel circo?
Sì, nel circo c'è un pagliaccio.

il pagliaccio

È buffo il pagliaccio?
Sì, il pagliaccio è molto buffo.

Sono buffe le scimmie?
Sì, le scimmie sono molto buffe.

È buffo il professore?
Sì, qualche volta il professore è buffo.

LEZIONE NUMERO TRENTADUE

32

VOCABOLARIO

devo, *I have to, I must*
deve? *do you have to?*
non devo, *I don't have to*

studiare, *to study*
comprare, *to buy*
scrivere, *to write*
le canzoni, *the songs*
la musica, *the music*
l'opera, *the opera*
classica, *(fem.) classical*
popolare, *popular*
per, *for*
per cena, *for dinner*
stasera, *tonight*

meravigliosi, *(masc. pl.) wonderful*
il formaggio, *the cheese*
la pizza, *the pizza*
gli spaghetti, *the spaghetti*
i ravioli, *the ravioli*
i piatti, *the dishes, the plates*
i mandolini, *the mandolins*
i biglietti, *the tickets*
specialmente, *especially*
tutta, *(fem.) all*
domani, *tomorrow*

tutto il tempo, *all the time*
tutto il formaggio, *all the cheese*
tutta la musica, *all the music*
tutti i piatti, *all the dishes*
tutti i giorni, *every day (all the days)*

va? *are you going?*
vado, *I'm going*
le piacciono, *do you like? (many things)*
mi piacciono, *I like (many things)*
veneziani, *(masc. pl.) Venetian*
popolari, *(fem. pl.) popular*

97

Deve lavorare domani? *Do you have to work tomorrow?*
Sì, domani devo lavorare. *Yes, I have to work tomorrow.*

Deve studiare stasera?
Sì, stasera devo studiare.

Deve studiare la lezione per la classe?
Sì, devo studiare la lezione per la classe.

Deve studiare molto?
Sì, devo studiare molto.

Deve studiare tutti i giorni?
No, non devo studiare tutti i giorni.

Deve andare alla classe?
Sì, domani devo andare alla classe.

Deve scrivere la lezione per la classe?
Sì, devo scrivere la lezione per la classe.

Deve parlare italiano in classe?
Sì, devo parlare italiano tutto il tempo.

il libro

Deve comprare un libro per la classe?
Sì, devo comprare un libro per la classe.

Deve comprare piselli per cena?
Sì, devo comprare piselli per cena.

piselli

Le piacciono i piselli?
Sì, i piselli mi piacciono molto.

Deve comprare pomodori per cena?
Sì, devo comprare pomodori per cena.

pomodori

Deve comprare formaggio per cena?
Sì, devo comprare formaggio per cena.

Le piace il formaggio italiano?
Sì, il formaggio italiano mi piace molto. Tutto il formaggio
italiano è delizioso.

Le piacciono i piatti italiani?
Sì, i piatti italiani mi piacciono molto.
Mi piace la pizza. Mi piacciono gli spaghetti e i ravioli.
Tutti i piatti italiani sono meravigliosi.

Va al concerto stasera?
Sì, stasera vado al concerto.

Deve comprare i biglietti per il concerto?
Sì, devo comprare i biglietti per il concerto.

musica

Le piace la musica italiana?
Sì, la musica italiana mi piace molto. È bellissima.

Le piace la musica classica o la musica popolare?
Mi piace tutta la musica italiana. Tutta è bella.
Mi piace l'opera, mi piacciono le canzoni popolari.
Specialmente mi piacciono i mandolini veneziani.

NOTE: I think that you will find it extremely valuable to
know some of the general spelling differences between
English and Italian. Read Grammar Section 5, "SPELL-
ING DIFFERENCES." Turn to page 145.

LEZIONE NUMERO
TRENTATRÈ

33

un piroscafo

NOTE I: SONO ANDATO (*I am gone*) means "I went" in Italian. When a man says "I went" he must use the masculine form: "sono andato." When a woman says "I went" she must use the feminine form: "sono andata."

VOCABOLARIO

i palazzi, *the buildings*
i parchi, *the parks*
i musei, *the museums*
i gondolieri, *the gondoliers*
le gondole, *the gondolas*
le fontane, *the fountains*
monumentale, *monumental*
famosi, *(pl.) famous*
piroscafi, *ships*
illuminate di notte, *illuminated at night*
molte altre cose, *many other things*
la Piazza San Marco, *the Plaza San Marco*
quadri di Leonardo da Vinci, *pictures by Leonardo da Vinci*
statue di Michelangelo, *statues by Michelangelo*
molti turisti americani, *many American tourists*
ha veduto? *did you see?*
ho veduto, *I saw*

a Roma, *to Rome, in Rome*
a Venezia, *to Venice, in Venice*
a Firenze, *to Florence, in Florence*
che cosa? *what?*
ieri, *yesterday*
ieri sera, *last night*
sono, *they are*
ci sono, *there are, are there?*
con, *with*

è andato? *did you go?* *(man)*   **è andata?** *did you go?* *(woman)*
sono andato, *I went* *(man)*   **sono andata,** *I went* *(woman)*

NOTE II: In the following conversation use "è andato" (*did you go*) if you are addressing a man and "è andata" (*did you go*) if you are addressing a woman. Use "sono andato" (*I went*) if you are a man or a boy, use "sono andata" (*I went*) if you are a woman or a girl.

CONVERSAZIONE

È andato (è andata) a Roma? *Did you go to Rome?*
Sì, sono andato (sono andata) a Roma. *Yes, I went to Rome.*

Che cosa ha veduto a Roma?
A Roma ho veduto i palazzi, i parchi, le fontane illuminate di notte e molte altre cose.

Ha veduto turisti americani a Roma?
Sì, a Roma ho veduto molti turisti americani.

È andato (è andata) a Venezia?
Sì, sono andato (sono andata) a Venezia.

un palazzo

Che cosa ha veduto a Venezia?
A Venezia ho veduto i canali, le gondole, i gondolieri e la Piazza San Marco. Venezia mi piace molto.

Ci sono turisti americani a Venezia?
Sì, a Venezia ci sono molti turisti americani.

Ci sono molti piroscafi a Venezia?
Sì, a Venezia ci sono moltissimi piroscafi.

È andato (è andata) a Firenze?
Sì, sono andato (sono andata) a Firenze.
Firenze mi piace molto.

un piroscafo

101

Che cosa ha veduto a Firenze?
A Firenze ho veduto i famosi musei.

Ha veduto quadri di Leonardo da Vinci?
Sì, ho veduto quadri di Leonardo da Vinci.
Sono bellissimi.

Ha veduto statue di Michelangelo?
Sì, ho veduto molte statue di Michelangelo. Sono monumentale.

È andato (è andata) al parco ieri?
Sì, sono andato (sono andata) al parco ieri.

È andato (è andata) al parco con Maria?
Sì, sono andato (sono andata) al parco con Maria.

È andato (è andata) al concerto ieri sera?
Sì, ieri sera sono andato (sono andata) al concerto.

il parco

È andato (è andata) al concerto con Alberto?
Sì, sono andato (sono andata) al concerto con Alberto.

For Men and Boys	For Women and Girls
sono andato, *I went*	**sono andata,** *I went*
è andato, *you went, he went, did you go? did he go?*	**è andata,** *you went, she went, did you go? did she go?*
siamo andati, *we went*	**siamo andate,** *we went*
sono andati, *they went, did they go?*	**sono andate,** *they went, did they go?*

NOTE: ANDATO has masculine, feminine, singular and plural forms just as adjectives do: andato, andata, andati, andate.

LEZIONE NUMERO TRENTAQUATTRO

34

un aeroplano

VOCABOLARIO

al cinema, *to the movies*
al parco, *to the park*
al concerto, *to the concert*
in ufficio, *to the office*
in banca, *to the bank*
in chiesa, *to church*
all' aeroporto, *to the airport, at the airport*
molti aeroplani, *many planes*
con mio fratello, *with my brother*
ci sono, *there are*

Dove è andato suo padre? *Where did your father go?*
Dove è andato suo fratello? *Where did your brother go?*
Dove è andato Alberto? *Where did Albert go?*
Dove è andata sua madre? *Where did your mother go?*
Dove è andata sua sorella? *Where did your sister go?*
Dove è andata Maria? *Where did Mary go?*

CONVERSAZIONE

Dove è andato Alberto? *Where did Albert go?*
Alberto è andato al cinema. *Albert went to the movies.*

Dove è andato Roberto?
Roberto è andato al parco.

Dove è andato suo fratello?
Mio fratello è andato al concerto.

mio fratello
my brother

Dove è andato suo padre?
Mio padre è andato in ufficio.

Dove è andata Maria?
Maria è andata in chiesa.

Dove è andata Susanna?
Susanna è andata in banca.

la chiesa

Dove è andata sua sorella?
Mia sorella è andata al concerto con mio fratello.

Dove è andata sua madre?
Mia madre è andata all'aeroporto.
All'aeroporto ci sono molti aeroplani.

mia sorella
my sister

Masculine, singular form: Andato

Read these sentences aloud:

Roberto è andato al cinema.
Robert went to the movies.

Alberto è andato al teatro.
Albert went to the theater.

Mio fratello è andato al parco.
My brother went to the park.

Mio padre è andato al mare.
My father went to the seashore.

Il professore è andato all'università.
The professor went to the university.

Il dottore è andato all'ospedale.
The doctor went to the hospital.

Il presidente è andato all'aeroporto.
The president went to the airport.

il professore

Mio padre è andato in ufficio.
My father went to the office.

Mio fratello è andato in banca.
My brother went to the bank.

mio fratello
my brother

Feminine, singular form: Andata

Maria è andata al ballo.
Mary went to the dance.

Mia sorella è andata al cinema.
My sister went to the movies.

Mia madre è andata in chiesa.
My mother went to church.

la chiesa

Maria è andata in banca.
Mary went to the bank.

Susanna è andata in ufficio.
Susanna went to the office.

Mia madre è andata in Italia.
My mother went to Italy.

Mia sorella è andata a casa.
My sister went home.

mia sorella
my sister

Masculine, plural form: Andati
(men, boys, men and women)

Siamo andati al ristorante.
We went to the restaurant.

Siamo andati al concerto.
We went to the concert.

Siamo andati al parco.
We went to the park.

Siamo andati al cinema.
We went to the movies.

Siamo andati al teatro.
We went to the theater.

Siamo andati a casa.
We went home.

Siamo andati all'aeroporto.
We went to the airport.

Siamo andati in banca.
We went to the bank.

Siamo andati in ufficio.
We went to the office.

il parco

la casa

Feminine, plural form: Andate
(women, girls)

Siamo andate al ristorante.
We went to the restaurant.

Siamo andate al cinema.
We went to the movies.

Siamo andate al concerto.
We went to the concert.

Siamo andate al mare.
We went to the seashore.

Siamo andate all'aeroporto.
We went to the airport.

Siamo andate in Italia.
We went to Italy.

Siamo andate in banca.
We went to the bank.

Siamo andate in ufficio.
We went to the office.

la chiesa

Siamo andate in chiesa.
We went to church.

Masculine, plural form: Andati
(men, boys, men and women)

Sono andati al parco.
They went to the park.

Sono andati al ristorante.
They went to the restaurant.

Sono andati al cinema.
They went to the movies.

Sono andati all'aeroporto.
They went to the airport.

il parco

Sono andati a casa.
They went home.

Feminine, plural form: Andate
(women, girls)

Sono andate al ristorante.
They went to the restaurant.

107

Sono andate al mare.
They went to the seashore.

Sono andate all'aeroporto.
They went to the airport.

Sono andate in chiesa.
They went to church.

Sono andate in banca.
They went to the bank.

Sono andate in Italia.
They went to Italy.

Sono andate a casa.
They went home.

The masculine form of verbs is used for men and boys.
It is also used when speaking of men and women or boys
and girls together.
The feminine form is used only when speaking of women
and girls.
Examples:
Tutti siamo andati al cinema.
We all went to the movies. (men, women, boys, girls)

Tutti siamo andati al mare.
We all went to the seashore. (men, women, boys, girls)

Siamo andate al cinema.
We went to the movies. (women, girls)

LEZIONE NUMERO TRENTACINQUE

35

il mio nonno
my grandfather

VOCABOLARIO

simpatico, *charming*
nonno, *grandfather*
il suo, *your (masc. sing.)*
il mio, *my (masc. sing.)*
quando, *when*
ieri, *yesterday*
stamani, *this morning*

alla festa, *to the party, at the party*
domenica, *Sunday, on Sunday*
lunedì, *Monday, on Monday*
martedì, *Tuesday, on Tuesday*
a che ora? *at what time?*
alle due, *at two o'clock*
alle otto, *at eight o'clock*

alle otto e mezzo, *at eight-thirty (at eight and half)*
un buon amico, *a good friend (masc.)*
una buona amica, *a good friend (fem.)*
molte canzoni italiane, *many Italian songs*
ha suonato, *he played, did he play? she played, did she play?*

è arrivato, *he arrived, did he arrive?*

è venuto, *he came, did he come?*

è arrivata, *she arrived, did she arrive?*

è venuta, *she came, did she come?*

CONVERSAZIONE

È simpatico Alberto? *Is Albert charming?*
Sì, Alberto è simpatico. È un buon amico.
Yes, Albert is charming. He is a good friend.

Quando è arrivato Alberto?
Alberto è arrivato ieri.

A che ora è arrivato?
È arrivato alle due.

alle due

È simpatica Maria?
Sì, Maria è simpatica.
È una buona amica.

Quando è arrivata Maria?
Maria è arrivata stamani.

A che ora è arrivata?
È arrivata alle otto.

Quando è arrivato suo padre?
Mio padre è arrivato domenica.

mio fratello
my brother

Quando è arrivato suo fratello?
Mio fratello è arrivato lunedì.

Quando è arrivato il suo nonno?
Il mio nonno è arrivato martedì.

È venuto alla festa Alberto?
Sì, Alberto è venuto alla festa.

A che ora è venuto?
È venuto alle otto.

È venuta alla festa Maria?
Sì, Maria è venuta alla festa.

il mio nonno
my grandfather

A che ora è venuta?
È venuta alle otto e mezzo.

Ha suonato il piano Maria?
Sì, Maria ha suonato il piano alla festa.

Ha suonato la chitarra Alberto?
Sì, Alberto ha suonato la chitarra. Ha suonato molte canzoni italiane. Mi piacciono molto le canzoni italiane. Sono belle.

la chitarra

NOTE: If you want to review the verbs you have learned thus far, read the grammar section on verbs. I think that you will be pleasantly surprised to see how many verbs you have learned and how well you have learned them. Turn to Grammar Section 6, "VERBS," page 148.

LEZIONE NUMERO TRENTASEI

36

VOCABOLARIO

MASCULINE	FEMININE
è occupato	**è occupata**
he's busy	*she's busy*
è contento	**è contenta**
he's happy	*she's happy*
è italiano	**è italiana**
he's Italian	*she's Italian*
è americano	**è americana**
he's American	*she's American*
è pronto	**è pronta**
he's ready	*she's ready*
è stanco	**è stanca**
he's tired	*she's tired*
è innamorato	**è innamorata**
he's in love	*she's in love*
non è malato	**non è malata**
he isn't sick	*she isn't sick*
non è solo	**non è sola**
he isn't alone	*she isn't alone*
non è triste	**non è triste**
he isn't sad	*she isn't sad*

è, *he's, she's, is he? is she?*
non è, *he isn't, she isn't, isn't he? isn't she?*

Che cosa meravigliosa! *How marvelous! (What a marvelous thing!)*

CONVERSAZIONE

È occupato? *Is he busy?*
Sì, è occupato. *Yes, he's busy.*

È stanco?
Sì, è stanco.

È pronto Alberto?
Sì, Alberto è pronto.

È italiano Alberto?
Sì, Alberto è italiano.

È americano Alberto?
No, Alberto non è americano.

È innamorato Alberto?
Sì, che cosa meravigliosa!
Alberto è innamorato.

il cuore
the heart

È contento Alberto?
Sì, Alberto è molto contento.

È solo?
No, non è solo.

È triste?
No, non è triste.

È malato?
No, non è malato.

È occupata? *Is she busy?*
Sì, è occupata. *Yes, she's busy.*

113

È stanca?
Sì, è stanca.

È pronta Maria?
Sì, Maria è pronta.

È italiana Maria?
Sì, Maria è italiana.

È americana Maria?
No, Maria non è americana.

È innamorata Maria?
Sì, che cosa meravigliosa!
Maria è innamorata.

È contenta Maria?
Sì, Maria è molto contenta.

È sola?
No, non è sola.

È triste?
No, non è triste.

È malata?
No, non è malata.

MASCULINE, PLURAL (men or boys)	FEMININE, PLURAL (women or girls)
sono contenti *they're happy*	**sono contente** *they're happy*
sono occupati *they're busy*	**sono occupate** *they're busy*
sono italiani *they're Italians*	**sono italiane** *they're Italians*

sono americani
they're Americans

sono americane
they're Americans

sono pronti
they're ready

sono pronte
they're ready

non sono malati
they're not sick

non sono malate
they're not sick

non sono soli
they're not alone

non sono sole
they're not alone

LEZIONE NUMERO TRENTASETTE

37

VOCABOLARIO

MASCULINE, SINGULAR (when a man or a boy says it)	FEMININE, SINGULAR (when a woman or a girl says it)
sono occupato *I'm busy*	**sono occupata** *I'm busy*
sono stanco *I'm tired*	**sono stanca** *I'm tired*
sono pronto *I'm ready*	**sono pronta** *I'm ready*
sono contento *I'm happy*	**sono contenta** *I'm happy*
sono italiano *I'm Italian*	**sono italiana** *I'm Italian*
sono americano *I'm American*	**sono americana** *I'm American*

sono, *I'm*
non sono, *I'm not*
è? *are you?*

CONVERSAZIONE

The following questions may be used only in addressing a man or a boy, because all the adjectives are masculine. (They all end in O.)

È occupato? *Are you busy?*
Sì, sono occupato. *Yes, I'm busy.*

È stanco?
Sì, sono stanco.

È pronto?
Sì, sono pronto.

È contento?
Sì, sono molto contento.

È italiano?
No, non sono italiano.

È americano?
Sì, sono americano.

The following questions may be used only in addressing a woman or a girl, because all the adjectives are feminine. (They all end in A.)

È occupata? *Are you busy?*
Sì, sono occupata. *Yes, I'm busy.*

È stanca?
Sì, sono stanca.

È pronta?
Sì, sono pronta.

È contenta?
Sì, sono molto contenta.

È italiana?
No, non sono italiana.

È americana?
Sì, sono americana.

MASCULINE, PLURAL (men or boys)	FEMININE, PLURAL (women or girls)
siamo occupati *we're busy*	**siamo occupate** *we're busy*
siamo pronti *we're ready*	**siamo pronte** *we're ready*
siamo contenti *we're happy*	**siamo contente** *we're happy*
siamo italiani *we're Italian*	**siamo italiane** *we're Italian*
siamo americani *we're Americans*	**siamo americane** *we're Americans*

Practice this verb:

	essere, *to be*		
I am	**sono**	**siamo**	*we are, are we?*
you are, are you?	**è**	**sono**	*you (pl.) are, are you?*
he is, is he?			*they are, are they?*
she is, is she?			
it is, is it?			

118

LEZIONE NUMERO TRENTOTTO

38

In Italian there are two verbs that mean IS: È and STA.
Use adjectives with "È."

Examples:
    È contento. *He's happy.*
    È occupato. *He's busy.*
    È buono. *He's good.*

Use adverbs with "STA."

Examples:
    Sta bene. *He's well. She's well.*
    Sta meglio. *He's better. She's better.*

	stare, *to be*		
I am	**sto**	**stiamo**	*we are, are we?*
you are, are you?	**sta**	**stanno**	*you are, are you?* (*pl.*)
he is, is he?			*they are, are they?*
she is, is she?			
it is, is it?			

The following dialogue is repeated millions of times every
day in the Italian speaking world.

—Come sta? *How are you?*
—Bene, grazie, e Lei? *Well, thank you, and you?*
—Benissimo, grazie. *Very well, thank you.*

VOCABOLARIO

sua madre, *your mother*
suo padre, *your father*
i suoi genitori, *your parents*
Carlotta, *Charlotte*
meglio, *better*
peggio, *worse*
così così, *so-so*
come, *how*
sta, *you are, are you? he is, is he? she is, is she?*
stanno, *they are, are they?*

CONVERSAZIONE

Come sta?
Bene, grazie, e Lei?
Benissimo, grazie.

Come sta sua madre?
Bene, grazie.

Come sta suo padre?
Bene, grazie.

Come sta Alberto?
Sta meglio.

Come sta Maria?
Sta così così.

Come sta Carlotta?
Benissimo, grazie.

Come stanno i suoi genitori?
Stanno bene, grazie.

Practice these sentences:

Alberto sta meglio oggi.
Albert is better today.

Maria sta bene.
Maria is well.

Roberto sta bene.
Robert is well.

Come sta?
How are you?

Così così.
So-so.

Mia mamma sta bene.
My mother is well.

Mio papà sta bene.
My father is well.

Come stanno?
How are they?

Stanno bene.
They are well.

I miei genitori stanno bene.
My parents are well.

Stiamo bene.
We are well.

Carlo sta peggio.
Charles is worse.

stare, *to be* with adverbs	**essere,** *to be* with adjectives
Sta bene. *He's well. She's well.*	**È contento.** *He's happy.*
Sta meglio. *He's better. She's better.*	**È contenta.** *She's happy.*
Sta peggio. *He's worse. She's worse.*	**È occupato.** *He's busy.*
Stanno bene. *They're well.*	**Sono contenti.** *They're happy. (men)*
Stiamo bene. *We're well.*	**Sono contente.** *They're happy. (women)*

BRAVO! You have finished all the lessons in the book and you have learned a great deal of Italian. But no one can learn everything in every lesson and no one can master material by studying it just once. So at this point I would suggest that you start at Lesson 1 again and read all the lessons through very rapidly as you would a novel. I think that you will enjoy this assignment. After you have reread the book up to this point, read the amusing story about "The Insolent Chicks," page 125, and then read the entire grammar section. After that, those students who would like to know the Italian language well will find it immensely profitable to read the book once more from cover to cover.

NUMERI
The Numbers

0	zero	31	trentuno
1	uno	32	trentadue, etc.
2	due	40	quaranta
3	tre	41	quarantuno
4	quattro	42	quarantadue, etc.
5	cinque	50	cinquanta
6	sei	51	cinquantuno, etc.
7	sette	60	sessanta
8	otto	61	sessantuno, etc.
9	nove	70	settanta
10	dieci	71	settantuno, etc.
11	undici	80	ottanta
12	dodici	81	ottantuno, etc.
13	tredici	90	novanta
14	quattordici	91	novantuno, etc.
15	quindici	100	cento
16	sedici	101	centouno
17	diciassette	102	centodue
18	diciotto	103	centotrè
19	diciannove	104	centoquattro
20	venti	150	centocinquanta
21	ventuno	175	centosettantacinque
22	ventidue	200	duecento
23	ventitrè	300	trecento
24	ventiquattro	400	quattrocento
25	venticinque	500	cinquecento
26	ventisei	600	seicento
27	ventisette	700	settecento
28	ventotto	800	ottocento
29	ventinove	900	novecento
30	trenta	1000	mille

I GIORNI DELLA SETTIMANA
(*The Days of the Week*)

domenica, *Sunday, on Sunday*
lunedì, *Monday, on Monday*
martedì, *Tuesday, on Tuesday*
mercoledì, *Wednesday, on Wednesday*
giovedì, *Thursday, on Thursday*
venerdì, *Friday, on Friday*
sabato, *Saturday, on Saturday*

I MESI DELL'ANNO
(*The Months of the Year*)

gennaio, *January*   **luglio,** *July*
febbraio, *February*   **agosto,** *August*
marzo, *March*   **settembre,** *September*
aprile, *April*   **ottobre,** *October*
maggio, *May*   **novembre,** *November*
giugno, *June*   **dicembre,** *December*

LE STAGIONI
(*The Seasons*)

inverno, *winter*   **estate,** *summer*
primavera, *spring*   **autunno,** *fall*

I PASTI
(*The Meals*)

la colazione, *breakfast, lunch*
il pranzo, *dinner*
la cena, *supper*

i pulcini,
the chicks

I PULCINI INSOLENTI

In un bel giorno di maggio, una gallina aristocratica incominciò a sentire una certa nostalgia, o malinconia, o ancora qualcos'altro assomigliante a queste terribili sensazioni. "Clo-clo-clo," disse, e cominciò a pensare: "Ho bisogno di una vacanza, sì, di una vacanza di almeno quaranta giorni. Sono stanca e la mia temperatura è anormale, sì, è necessario che mi riposi." Esaminò il nido, contò le uova: erano solo cinque, ma si accontentò di quelle, sperando di poter completare la dozzina. La collaborazione delle altre galline non era del tutto improbabile.

Entrò nel nido e si accomodò tranquillamente con le cinque eleganti uova. L'universo intero era pacifico e dopo tre minuti l'aristocratica gallina si addormentò profondamente.

La Signora Gallina

La padrona di casa aveva bisogno di mezza dozzina di uova per la colazione della famiglia. Andò al pollaio per prendere le uova nel nido, vide l'aristocratica gallina addormentata ed esclamò: "Ma che cos'è questo? La gallina

125

aristocratica che mi è costata dodici dollari dorme alle undici del mattino? No, no, assolutamente, una gallina che mi è costata dodici dollari deve fare un uovo al giorno, sette uova alla settimana e trenta uova al mese." Così dicendo entrò in casa e dopo quattro minuti ritornò al pollaio con un catino pieno d'acqua. Senza dir parola, versò l'acqua sulla gallina. La gallina uscì dal nido rapidamente e fuggì starnazzando: "Ahi, ahi, ahi," diceva. Corse attraverso l'orto ed il giardino. Passò l'orto ed arrivò ad un melo grande e fronzuto. Le fitte foglie facevano dell'albero un gigantesco parasole, eccellente riparo contro gli ardenti raggi del sole di maggio. La gallina si accovacciò, scosse le sue penne ed iniziò un monologo di protesta e di risentimento con queste parole: "Questa signora non rispetta la mia alta posizione sociale nè i meriti della mia aristocratica famiglia. Mi butta acqua come se fossi una volgare oca o un animaletto di stagno. Questa è una mancanza di rispetto e di considerazione. Io non debbo tollerare questa impertinenza. No, signora, è mia intenzione abbandonare questa casa, e me ne vado a vivere con le mucche e le mule del pastore. Me ne vado perchè me ne vado, al diavolo la padrona di casa. Me ne vado, good-bye ed addio per sempre."

La gallina oltrepassò lo steccato ed andò in direzione ovest. E arrivò al pascolo. A poca distanza c'erano mezza dozzina di animali grandi che mangiavano l'erba fresca e verde. La gallina andò prima verso una mucca bianca che stava mangiando solennemente tranquilla. Con tono molto diplomatico disse: "Buon giorno, Signora Mucca." La mucca però non rispose neanche con una sola parola. Allora la gallina esclamò: "Ah, Lei non desidera parlare con me, molto bene. Non è assolutamente necessario che una mucca ignorante conversi con una gallina aristocratica. Good-bye." Continuò a camminare sull'erba fresca, ripetendo clo-clo, a brevi intervalli. A circa venti yarde di distanza, trovò la mula grigia che mangiava l'erba verde in perfetta tranquillità. Con il suo tono diplomatico disse: "Buon giorno, Signora Mula." Però la mula non rispose neanche con una parola. "Ah, neanche Lei desidera parlare con me, perfettamente, non è assolutamente indispensabile che una mula stupida parli con una gallina aristocratica ed educata. Addio e mangi molta erba verde."

la saltabecca

un albero
a tree

La gallina continuò a camminare lentamente, ripetendo ogni tanto: clo-clo-clo. Improvvisamente, con grande sorpresa, scoprì una graziosa e succosa saltabecca verde. "Pec, pec, pec," e con tre rapide beccate la saltabecca entrò nell'eternità grazie alle beccate della gallina. In realtà la gallina scoprì che il pascolo era abitato da milioni e bilioni di insetti nutritivi. La prima saltabecca produsse grande entusiasmo ed attenzione verso la possibilità di banchettare con un pranzo ricco di insetti, erba e grano gettato nell'erba da mani misteriose. La terza saltabecca si presentò immediatamente, una intera società di saltabecche si presentò, e la gallina non aveva tempo abbastanza per beccare e divorare rapidamente gli animaletti, sembrava una macchina elettrica. Becca, becca, e becca, il banchetto fu completo in pochi minuti. Insetti, erba e grano erano abbondanti, ma l'acqua? "Acqua, acqua, dov'è l'acqua per le mucche e le mule?" Cominciò ad esaminare ed esplorare il terreno. In un attimo scoprì che le impronte delle mucche, delle mule e dei cavalli andavano verso nord. L'acqua doveva essere da quella parte. La gallina camminò per una cinquantina di yarde ed arrivò ad un vecchio steccato e ad un vecchio portone. Questo portone abbandonato era l'ingresso ad un altro piccolo pascolo, che tuttavia non era separato da quello grande perchè anche lo steccato era abbandonato ed in cattive condizioni. Una vegetazione naturale, molto ricca e frondosa, nascondeva con singolare

una mucca

lo steccato
the fence

bellezza lo sfacelo del portone e dello steccato. Alberi ed arbusti, piante arrampicanti ed una ridda di colori e profumi trasformavano lo steccato ed il portone in un luogo di attraente bellezza per la gallina. La densa vegetazione rendeva inaccessibile il luogo a persone o animali grandi. Una gallina poteva entrare con difficoltà, ma poteva entrare. La gallina di questa storia misteriosa passò il portone ed a circa cinquanta yarde di distanza trovò il Ruscello di Cristallo. L'acqua fresca era trasparente. Il cielo azzurro si rifletteva nello stagno circolare dove bevevano tutti i grandi animali della fattoria. La gallina bevette un sorso d'acqua ed alzò gli occhi al cielo per esprimere riverente gratitudine al Creatore dell'Universo. Bevette un secondo sorso ed elevò gli occhi al cielo infinito in attitudine riverente per ringraziare Dio per l'acqua fresca e trasparente.

Il Ruscello di Cristallo cantava la sua melodia e correva rapidamente verso l'abitazione del fattore a est ed a sud dello stagno. La gallina bevve a sufficienza ed esplorò con gli occhi la terra a nord, sud, est ed ovest. Piantagioni di grano all'immediato ovest. Gruppi di alberi giganteschi, densi di foglie ed oscuri nella distanza remota. Il tetto rosso della casa verso sud-est con i suoi orti e giardini. La vasta prateria verde con i suoi grandi animali. Tutto era fantastico. Tutto era splendido. Il sole splendente e caldo rendeva la temperatura spiacevole, ma una fresca brezza cominciava a muovere le cime degli alberi. La gallina ritornò al vecchio portone abbandonato. La densa vegetazione spontanea era un invito attraente. Penetrò per una yarda o due. Scoprì che l'ombra all'interno era molto più gradevole. Avanzò ancora per due o tre yarde e gridò sorpresa con incredulità: "CHE COSA SONO QUESTE? UOVA! UN NIDO PIENO DI UOVA. CHE MISTERO, CHE SORPRESA. Questo è il giorno dei misteri e delle sorprese."

Con speciale attenzione la gallina contò le uova: "Una, due, tre, quattro, cinque . . . cinque . . . cinque, che pessima contabile, sei, sette, otto, nove e dieci, e due dodici, e due quattordici." Non c'era possibilità d'errori. Erano quattordici uova grosse ed eleganti. La Signora Gallina decise immediatamente di prendere possesso del nido senza ulteriori investigazioni. Questa era l'ultima opportunità ed era necessario accettare il destino senza cavillare. "Corretto," disse, e si accomodò con le uova, contenta e tranquilla come se stesse eseguendo una missione divina (istinti di madre).

A causa delle fatiche e delle sorprese della giornata il sonno arrivò come per magia e la nostra brava gallina chiuse gli occhi in meno di tre minuti. Dormì a lungo e senza interruzioni. Le sue idee erano confuse, ma la gallina non sentiva alcun interesse a combattere questa confusione. Quando il sole annunciò il mattino del nuovo giorno, la gallina era già sveglia ed esaminava con gli occhi tutti i dettagli dell'ombroso posto solitario. Uno dopo l'altro i giorni passarono. La gallina considerava ogni mattino come un giorno completato. Tutti i giorni faceva esercizi mentali di matematica. "Sette giorni fanno una settimana . . . quattordici giorni fanno due settimane . . quattordici e sette fanno ventuno . . . tre settimane fanno ventun giorni. Giusto, arcigiusto."

Tanti calcoli costanti e tanta aritmetica causarono però errori, perchè al giorno numero venti la gallina esaminò le uova con speciale attenzione e scoprì che la temperatura era normale. La palpitazione dei pulcini era insufficiente, però la palpitazione indicava in ogni caso la presenza della vita. Tuttavia, nonostante tutto, alla fine dei ventun giorni non c'erano pulcini. La gallina chiamò: "Clo-clo-clo," ma nel nido c'era un silenzio profondo.

L'unica soluzione possibile era che si erano verificati errori di calcolo. Essa decise di continuare a covare fino a che i pulcini sarebbero saltati fuori. Ogni giorno esaminava le uova e contava i giorni solo più per abitudine: "Uno, due, tre . . . quattro, cinque, sei." Finalmente, al sesto giorno la palpitazione sotto il guscio delle uova si fece più intensa; ma ora si era passati all'altro estremo, perchè la palpitazione era troppo esagerata, terribile, incredibile. Alla fine arrivò l'ultima ora del settimo giorno. La gallina incominciò a gridare per l'entusiasmo. Alle otto del mattino si sentì un forte colpo: crac, crac. In meno di un minuto un enorme pulcino giallo si rigirò ed uscì dal guscio. Subito dopo da un altro uovo uscì il rumore inequivocabile, ed un altro pulcino si rigirò ed uscì dal guscio. Gusci e gusci, pulcini e pulcini. Quando il sole si trovò press'a poco a metà del cielo già i quattordici pulcini avevano adempiuto al loro importantissimo compito di uscire dall'uovo. La gallina era occupatissima a buttare i gusci dell'uovo fuori dal nido, a sistemare ogni pulcino onde evitare che tutta la sua famiglia morisse asfissiata.

Tuttavia la sua mente era sempre ferma al mistero del nido e delle uova, era ferma a tutte le angosce passate. Per il momento tutta la sua attenzione era concentrata nell'ammirazione per i suoi figlioletti, tutti uguali nella forma e nel colore. (In realtà la pietosa madre era accecata dal suo amor materno e non poteva veder nient'altro che una suprema bellezza concentrata in quattordici esserini semidivini ed indescrivibili, che essa amava appassionatamente.) Riusciva soltanto a pensare alla futura educazione della sua aristocratica famiglia.

Dopo quarant'ore esatte, Mamma Gallina decise di dare una lezione di lingua ai suoi pulcini e disse: "La prima cosa che dovete imparare è: pio-pio-pio, significa 'buongiorno' nel linguaggio dei polli," e le quattordici voci infantili risposero: "Fi-fi-fi." "No, questo non è il linguaggio dei polli, questo è sbagliato. I pulcini dicono: pio-pio-pio. Ripetete con me: pio-pio-pio, su andiamo." Però gli insolenti pulcini risposero: "Fi-fi-fi . . . fi-fi-fi." Era impossibile dare lezione a questi pulcini insolenti.

La gallina si risolse ad abbandonare l'insegnamento della lingua materna e di portare i suoi figlioletti allo Stagno di Cristallo. "Attenzione," disse. "Ora andiamo a bere un po' d'acqua allo stagno cristallino. L'acqua è un elemento molto importante nella vita di una gallina e di tutta la sua famiglia. L'acqua è indispensabile per. . . ." Nessun pulcino faceva attenzione all'idraulico discorso. Tuttavia essa continuò: "Andiamo allo stagno, dove tutti gli animali vanno a bere acqua. Vi do il permesso di bere quanto volete, però ad una condizione: non dovete bagnarvi i piedi. Se vi bagnate i piedi, vi verrà un terribile attacco di reumatismo, sì, reumatismo. Il reumatismo è una terribile infermità. Ahi, ahi, la mia povera nonna morrì di reumatismo, re-reuma-tismo. Ahi, ahi, che calamità. Se vi bagnate i piedi io non sarò responsabile se morirete di reumatismo. Bene, non dovete bagnarvi i piedi. Bevete, bevete, però senza bagnarvi i piedi."

"Formate un gruppo compatto in ordine di marcia, gruppo compatto per resistere ai nemici, questo vi dico io." Immediatamente incominciò a camminare davanti alla sua famiglia. Camminò con passo rapido fino a metà distanza, si rigirò indietro per vedere se i suoi figlioletti camminavano e scoprì che non camminavano in gruppo compatto, bensì su una linea lunga. Un pulcino veniva dietro ad un altro, un altro ancora dietro, e tutti insieme formavano una linea come se non avessero ricevuto istruzione di camminare in gruppo. "Ah, non venite in gruppo compatto come avevo detto io? Andiamo, formate il gruppo, pulcini insolenti. Mostriciattoli pestiferi. Pulcini disobbedienti.

il gallo

Pulcini ineducati, ecc., ecc." Ma i pulcini erano incorreggibili; non era possibile farli obbedire con parole ad un solo piccolissimo ordine. La gallina scoprì che i discorsi ed i sermoni non sortivano il minimo effetto. Di conseguenza smise di parlare con il proposito di consultare un gallo. "Ah, il gallo è il papà dei pulcini ed è molto saggio. Il gallo metterà disciplina in questa famiglia. Dove sarà il mio gallo? Vado a consultare il mio gallo e lui risolverà questo problema, essendo a me impossibile. Polli insolenti."

In quel momento la gallina arrivò allo stagno ed incominciò a bere avidamente l'acqua pura e cristallina dello specchio rotondo. Bevette e bevette fino a sentirsi soddisfatta. Ma altre ansietà sopraggiunsero a sconvolgere ancora la gallina: i pulcini arrivarono all'acqua e senza cerimonie vi si buttarono di testa. Uno dopo l'altro, tutti i pulcini si gettarono nell'acqua in meno di un istante. La gallina gridò con disperazione: "Reu-ma-ma-tis-mo. Insolenti, Cattivi. Animali pestiferi. Uscite da quell'acqua. . . . Uscite, vi ordino." Gridò e gridò fino a che la voce le scomparve nella laringe tormentata ed angustiata, ma i pulcini disobbedienti non ubbidirono. Incominciarono a nuotare avanti ed indietro. Nuotarono in circolo e nuotarono in spirale. Nuotarono in quaranta diverse direzioni. Nuotarono più di un'ora. Finalmente si decisero ad uscire dall'-acqua tirando fuori ali e coda con visibile gioia ed assoluta indifferenza.

La gallina era disperata e decisa ad abbandonare i polli insolenti, però non potè resistere alla tentazione di fare un discorso finale ed incominciò. Disse quattro o cinque aggettivi con molta solennità, ma un pulcino impertinente la interruppe: "Senta Lei, Signora Gallina, noi non siamo pulcini. Non siamo animali pestiferi, non siamo animali insolenti. Noi siamo anatroccoli. Consulti un gallo su questo punto." La gallina interruppe l'eloquente animal-etto: "Anatroccoli . . . vado a consultare il gallo, però prima desidero dirvi che siete molto disobbedienti ed arro-ganti. Good-bye ed arrivederci alla fine del mondo."

All'ultima parola tutti gli anatroccoli stavano già sparsi nel pascolo esplorando i paraggi in cerca di qualcosa da mangiare.

Noi sappiamo ora che si verificarono molti incidenti curiosi, però niente di tragico o di disastroso. Essi sono ormai grandi, e nella loro memoria non c'è nulla dell'-eccezionale inizio della loro vita sotto la tutela temporanea della gallina aristocratica.

C'è un dettaglio finale, utile a chiarire il mistero. Nella serata del giorno in cui la gallina prese possesso incondizionato del nido e delle uova, si udì in distanza la musica di un'orchestra. Era la musica di una cerimonia nuziale nella casa della fattoria. In questo banchetto nuziale vennero servite quattro anitre. Una di queste era nientemeno che la madre dei pulcini buffi ed eccentrici. Però non diffondete questa informazione senza consultare il Signor Gallo, che è molto sensibile e prudente.

GRAMMAR SECTION

1. NOUNS

1. Most masculine nouns end in O.
    Examples:
        il bambino, *the baby boy, boy*
        il parco, *the park*
        il treno, *the train*
        il piano, *the piano*
        il concerto, *the concert*

2. Most feminine nouns end in A.
    Examples:
        la bambina, *the baby girl, girl*
        la banana, *the banana*
        la rosa, *the rose*
        la gondola, *the gondola*

Plural Nouns

3. Most singular, masculine nouns end in O. Most plural, masculine nouns end in I.

    Examples:

il bambino, *the baby boy*	**i bambini**, *the baby boys*
il cavallo, *the horse*	**i cavalli**, *the horses*
il cappello, *the hat*	**i cappelli**, *the hats*

4. Most singular, feminine nouns end in A. Most plural, feminine nouns end in E.

    Examples:

la carota, *the carrot*	**le carote**, *the carrots*
la lettera, *the letter*	**le lettere**, *the letters*
la rosa, *the rose*	**le rose**, *the roses*
la penna, *the pen*	**le penne**, *the pens*

2. ARTICLES

Definite Articles

1. IL: *the (masculine, singular)*
    Examples:
        il bambino, *the baby boy*
        il parco, *the park*
        il treno, *the train*
        il piano, *the piano*
        il concerto, *the concert*

2. LA: *the (feminine, singular)*
    Examples:
        la bambina, *the baby girl*
        la banana, *the banana*

la rosa, *the rose*
la gondola, *the gondola*

3. **I:** *the (masculine, plural)*
   Examples:

il bambino	**i bambini**
the baby boy	*the baby boys*
il cavallo	**i cavalli**
the horse	*the horses*
il cappello	**i cappelli**
the hat	*the hats*

4. **LE:** *the (feminine, plural)*
   Examples:

la carota, *the carrot*	**le carote,** *the carrots*
la lettera, *the letter*	**le lettere,** *the letters*
la rosa, *the rose*	**le rose,** *the roses*
la penna, *the pen*	**le penne,** *the pens*

NOTE: Don't read sections 5 and 6 (below) until you have learned all the lessons in the book very well.

5. **L':** *the (masculine and feminine, singular)*
   Use l' before singular nouns which begin with a vowel.
   Examples:

MASCULINE	FEMININE
l'amico, *the friend*	**l'amica,** *the friend*
l'albergo, *the hotel*	**l'insalata,** *the salad*

6. **GLI:** *the (masculine, plural)*
   Use GLI before masculine, plural nouns which begin with a vowel, a letter Z, or a letter S which is followed by a consonant.
   Examples:

   gli asparagi, *the asparagus*

gli amici, *the friends* (*masculine*)
gli occhi, *the eyes*
gli spaghetti, *the spaghetti*
gli spinaci, *the spinach*
gli zingari, *the gypsies*

Indefinite Articles

1. UN: *a, an* (*masculine, singular*)
   Examples:
   un bambino, *a baby boy*
   un parco, *a park*
   un treno, *a train*
   un piano, *a piano*
   un animale, *an animal*

2. UNA: *a, an* (*feminine, singular*)
   Examples:
   una bambina, *a baby girl*
   una casa, *a house*
   una rosa, *a rose*
   una gondola, *a gondola*
   una mela, *an apple*

3. UN': *a, an* (*feminine, singular*)
   Use UN' before feminine, singular nouns which begin
   with a vowel.
   Examples:
   un'ora, *an hour*
   un'americana, *an American* (*feminine*)
   un'insalata, *a salad*

3. ADJECTIVES

1. Most masculine adjectives end in O. Masculine adjectives are used with masculine nouns.
   Examples:
   Il cappello è bello. *The hat is beautiful.*
   Il tulipano è bello. *The tulip is beautiful.*
   Il pollo è delizioso. *The chicken is delicious.*
   Il giardino è piccolo. *The garden is little.*

2. Most feminine adjectives end in A. Feminine adjectives are used with feminine nouns.
   Examples:
   La blusa è bella. *The blouse is beautiful.*
   La sardina è piccola. *The sardine is little.*
   La minestra è deliziosa. *The soup is delicious.*

3. Most singular, masculine adjectives end in O. Most plural, masculine adjectives end in I. Plural, masculine adjectives are used with plural, masculine nouns.
   Examples:
   I cappelli sono belli. *The hats are beautiful.*
   I tulipani sono belli. *The tulips are beautiful.*
   I piselli sono deliziosi. *The peas are delicious.*
   I piselli sono piccoli. *The peas are little.*

4. Most singular, feminine adjectives end in A. Most plural, feminine adjectives end in E. Plural, feminine adjectives are used with plural, feminine nouns.
   Examples:
   Le rose sono belle. *The roses are beautiful.*
   Le banane sono deliziose. *The bananas are delicious.*
   Le sardine sono piccole. *The sardines are little.*

Masculine Adjectives

	SINGULAR	PLURAL
beautiful	bello	belli
delicious	delizioso	deliziosi
little, small	piccolo	piccoli

Feminine Adjectives

	SINGULAR	PLURAL
beautiful	bella	belle
delicious	deliziosa	deliziose
little	piccola	piccole

5. Position of Adjectives: As a rule, adjectives follow nouns in Italian.

Examples:

un gatto nero, *a black cat*

una tavola rotonda, *a round table*

una casa grande, *a big house*

Exceptions:

Adjectives of quantity precede the noun.

Examples:

molto caffè, *much coffee*

molti fiori, *many flowers*

When you wish to emphasize an adjective, place it before the noun.

Examples:

È un simpatico ragazzo.

He's a charming boy.

È una bella ragazza.

She's a beautiful girl.

6. Possessive Adjectives

NOTE: Do not read this section on "Possessive Adjectives" until you have learned all the lessons in the book.

a. Masculine, singular
IL MIO, *my (the my)*
Use **il mio** before masculine, singular nouns.

Examples:
    il mio ombrello, *my umbrella*
    il mio cappello, *my hat*
    il mio libro, *my book*
    il mio mantello, *my coat*

Notice that you use the article IL (*the*) before MIO (*my*). In Italian you cannot simply say "my hat"; you must say "the my hat" (il mio cappello).

IL SUO, *your (the your)*
Use **il suo** before masculine, singular nouns.

Examples:
    il suo cappello, *your hat*
    il suo libro, *your book*
    il suo mantello, *your coat*

IMPORTANT: Do not use IL when MIO precedes nouns which denote family relationship.

Examples:
    mio padre, *my father*
    mio fratello, *my brother*
    mio figlio, *my son*

b. Feminine, singular
LA MIA, *my (the my)*
Use **la mia** before feminine, singular nouns.

140

Examples:

 la mia chitarra, *my guitar*
 la mia borsa, *my purse*
 la mia cravatta, *my necktie*

LA SUA, *your (the your)*
Use **la sua** before feminine, singular nouns.

Examples:

 la sua chitarra, *your guitar*
 la sua borsa, *your purse*
 la sua cravatta, *your necktie*
 "Cravatta" is feminine because it ends in A.

IMPORTANT: Do not use LA when MIA precedes nouns which denote family relationship.

Examples:

 mia madre, *my mother*
 mia sorella, *my sister*
 mia figlia, *my daughter*

c. Masculine, plural
I MIEI, *my (the my)*
Use **i miei** before masculine, plural nouns.

Examples:

 i miei amici, *my friends*
 i miei guanti, *my gloves*
 i miei libri, *my books*

I SUOI, *your (the your)*
Use **i suoi** before masculine, plural nouns.

Examples:

 i suoi amici, *your friends*
 i suoi guanti, *your gloves*
 i suoi libri, *your books*

d. Feminine, plural
LE MIE, *my (the my)*
Use **le mie** before feminine, plural nouns.

Examples:
   le mie scarpe, *my shoes*
   le mie calze, *my stockings*

LE SUE, *your (the your)*
Use **le sue** before feminine, plural nouns.

Examples:
   le sue scarpe, *your shoes*
   le sue calze, *your stockings*

4. ACCENTS—SPOKEN AND WRITTEN

Spoken Accent

The spoken accent is known as stress. Generally speaking, Italian words receive the voice stress on the next to the last syllable.

Examples:
   bam-BI-no, *baby boy*
   PAR-co, *park*
   CA-sa, *house*
   RO-sa, *rose*
   CO-sa, *thing*
   fon-TA-na, *fountain*
   mi-NE-stra, *soup*
   cap-PEL-lo, *hat*
   ve-STI-to, *dress*
   di-VA-no, *sofa*
   ri-sto-RAN-te, *restaurant*

tu-li-PA-no, *tulip*
a-ni-MA-le, *animal*
po-mo-DO-ro, *tomato*
LU-na, *moon*
ge-LA-to, *ice cream*
in-sa-LA-ta, *salad*
o-LI-ve, *olives*
a-MI-ci, *friends*
tu-RI-sta, *tourist*

A small number of words in this book receive the stress on the third syllable from the end. Practice these words several times so that you will remember them easily:

PIC-co-lo, *little*
TA-vo-la, *table*
LET-te-ra, *letter*
GON-do-la, *gondola*
SE-da-no, *celery*
CI-ne-ma, *movies*
MAC-chi-na, *machine*
MU-si-ca, *music*
SA-ba-to, *Saturday*
At-LAN-ti-co, *Atlantic*
Pa-CI-fi-co, *Pacific*
NU-me-ro, *number*
sim-PA-ti-co, *charming*
bel-LIS-si-mo, *very beautiful*
mol-TIS-si-mo, *very much*
pi-RO-sca-fo, *ship*
ar-TI-co-li, *articles*
fo-NO-gra-fo, *phonograph*
a-SPA-ra-gi, *asparagus*
au-to-MO-bi-le, *car*

do-ME-ni-ca, *Sunday*
be-NIS-si-mo, *very well*
ro-MAN-ti-co, *romantic*
e-LET-tri-co, *electric*

The Written Accent

This is the written accent: (\). Example: tè, *tea*
The written accent is used only to indicate that a letter should be stressed. In Italian accents never change the sound of letters. Written accents fall on the last letter of a word.

Examples:
  città, *city*
  caffè, *coffee*
  tè, *tea*
  umanità, *humanity*
  capacità, *capacity*
  comunità, *community*
  curiosità, *curiosity*
  libertà, *liberty*
  università, *university*
  lunedì, *Monday*
  martedì, *Tuesday*
  mercoledì, *Wednesday*
  giovedì, *Thursday*
  venerdì, *Friday*
  così, *so, thus*
  così così, *so-so*

NOTE: The word "è" (*is*) has a written accent. This is known as a distinguishing accent. In this case the accent distinguishes the word "è" (*is*) from the word "e" (*and*).

"è" means "*is*" (with accent)
"e" means "*and*" (without accent)

5. SPELLING DIFFERENCES

There are some general differences between English and Italian spelling. You will understand Italian much more easily if you know even a few of these differences.

1. The English CT becomes TT in Italian.
$$CT = TT$$

the doctor, *il dottore*
the tractor, *il trattore*
the factor, *il fattore*
the fact, *il fatto*
actor, *attore*
act, *atto*
active, *attivo*
effect, *effetto*
activity, *attività*
perfect, *perfetto*
direct, *diretto*
insect, *insetto*
contract, *contratto*
October, *ottobre*
constructive, *costruttivo*
productive, *produttivo*

2. The English PT becomes TT in Italian.
$$PT = TT$$

optimist, *ottimista*
optimism, *ottimismo*
September, *settembre*
concept, *concetto*
descriptive, *descrittivo*

3. The English X often becomes S or SS in Italian.

$$X = SS$$

a taxi, *un tassi*
the tax, *la tassa*
sex, *sesso*

Practice these:
   The fair sex. *Il gentil sesso.*
   Sex appeal. *Attrazione sessuale.*

$$X = S$$

exclusive, *esclusivo*
excursion, *escursione*
excuse me, *scusi*
expansion, *espansione*
exotic, *esotico*
expert, *esperto*
explosion, *esplosione*
express, *espresso*
experiment, *esperimento*
extension, *estensione*
explosive, *esplosivo*
expressive, *espressivo*
to export, *esportare*
to extend, *estendere*
exterior, *esteriore*
extreme, *estremo*
expression, *espressione*

4. In general the English ION becomes IONE in Italian.

$$ION = IONE$$

opinion, *opinione*
confusion, *confusione*
decision, *decisione*
invasion, *invasione*
legion, *legione*
pension, *pensione*
religion, *religione*
union, *unione*
mission, *missione*
conclusion, *conclusione*
region, *regione*
session, *sessione*
tension, *tensione*
vision, *visione*
occasion, *occasione*

5. The English TION becomes ZIONE (at the end of a word).

$$TION = ZIONE \text{ at the end of a word}$$

the nation, *la nazione*
celebration, *celebrazione*
formation, *formazione*
operation, *operazione*
ambition, *ambizione*
conversation, *conversazione*
information, *informazione*
salvation, *salvazione*
attention, *attenzione*
preparation, *preparazione*

6. VERBS

Present Tense of Regular Verbs

Add the following endings to the stem of the verb:

Remove ARE and add:		Remove ERE or IRE and add:	
o	iamo	o	iamo
a	ano	e	ono

Sample Verbs

parlare, *to speak, to talk*

I speak,	**parlo**	**parliamo**	*we speak*
you speak,	**parla**	**parlano**	*you (pl.) speak,*
he speaks,			*they speak*
she speaks			

vendere, *to sell*

I sell	**vendo**	**vendiamo**	*we sell*
you sell,	**vende**	**vendono**	*you (pl.) sell,*
he sells,			*they sell*
she sells			

dormire, *to sleep*

I sleep	**dormo**	**dormiamo**	*we sleep*
you sleep,	**dorme**	**dormono**	*you (pl.) sleep,*
he sleeps,			*they sleep*
she sleeps			

Past Tense of Regular Verbs

	are	ere	ire
ho, *I have* ha, *you have,* *he has, she has* abbiamo, *we have* hanno, *you (pl.) have,* *they have*	plus **ato**	plus **uto**	plus **ito**

Sample Verbs

comprare, *to buy*

ho comprato: *I bought, I have bought*

ha comprato: *you bought, he bought, she bought, did you buy? did he buy? did she buy? you have bought, he has bought, she has bought, have you bought? has he bought? has she bought?*

abbiamo comprato: *we bought, we have bought*

hanno comprato: *you (pl.) bought, they bought, did you (pl.) buy? did they buy? you (pl.) have bought, they have bought, have you (pl.) bought? have they bought?*

vendere, *to sell*

ho venduto: *I sold, I have sold*

ha venduto: *you sold, he sold, she sold, did you sell? did he sell? did she sell? you have sold, he has sold, she has sold, have you sold? has he sold? has she sold?*

abbiamo venduto: *we sold, we have sold*

hanno venduto: *you (pl.) sold, they sold, did you (pl.) sell? did they sell? you (pl.) have sold, they have sold, have you (pl.) sold? have they sold?*

149

dormire, *to sleep*

ho dormito: *I slept, I have slept*

ha dormito: *you slept, he slept, she slept, did you sleep? did he sleep? did she sleep? you have slept, he has slept, she has slept, have you slept? has he slept? has she slept?*

abbiamo dormito: *we slept, we have slept*

hanno dormito: *you (pl.) slept, they slept, did you (pl.) sleep? did they sleep? you (pl.) have slept, they have slept, have you (pl.) slept? have they slept?*

Past Tense of Verbs Formed with "Essere" (*to be*)

In Italian the past tense of some verbs is formed with the auxiliary *"to be"* (essere).

essere, *to be*

I am	**sono**	**siamo**	*we are*
you are, he is, she is, it is	**è**	**sono**	*you (pl.) are, they are*

Verbs which are formed with the above auxiliaries have masculine, feminine, singular and plural forms just as adjectives do.

You already know the masculine, feminine, singular and plural endings of "beautiful":

	SINGULAR	PLURAL
Masculine	bello	belli
Feminine	bella	belle

Now it's very easy to apply the same endings to the verb "went":

	SINGULAR	PLURAL
Masculine	andato	andati
Feminine	andata	andate

These verbs seem strange to us because of their peculiar translation. The literal translation of SONO ANDATO (*I went*) is "I am gone."

Sample Verb

andare, *to go*

sono andato: *I went (when a man or a boy says it)*

sono andata: *I went (when a woman or a girl says it)*

è andato: *you went, did you go? (when speaking to a man or a boy), he went, did he go?*

è andata: *you went, did you go? (when speaking to a woman or a girl), she went, did she go?*

siamo andati: *we went (refers to men, or men and women together)*

siamo andate: *we went (refers to women and girls)*

sono andati: *you (pl.) went, did you (pl.) go? they went, did they go? (refers to men, or men and women together)*

sono andate: *you (pl.) went, did you (pl.) go? they went, did they go? (refers to women and girls)*

List of Verbs Which Are Formed with "ESSERE" (*to be*) in the Past Tense

sono tornato, *I returned (I am returned)*

sono andato, *I went (I am gone)*

sono arrivato, *I arrived, I got here (I am arrived)*

sono venuto, *I came (I am come)*

sono entrato, *I went in (I am gone in)*

151

sono stato, *I was* (*I am been*)
sono uscito, *I went out* (*I am gone out*)
sono salito, *I went up* (*I am gone up*)
sono sceso, *I went down* (*I am gone down*)
sono partito, *I left* (*I am left*)

Masculine, Feminine, Singular and Plural Forms
(of verbs above)

	SINGULAR	PLURAL
Masculine	tornato	tornati
Feminine	tornata	tornate
Masculine	andato	andati
Feminine	andata	andate
Masculine	arrivato	arrivati
Feminine	arrivata	arrivate
Masculine	venuto	venuti
Feminine	venuta	venute
Masculine	entrato	entrati
Feminine	entrata	entrate
Masculine	stato	stati
Feminine	stata	state
Masculine	uscito	usciti
Feminine	uscita	uscite
Masculine	salito	saliti
Feminine	salita	salite
Masculine	sceso	scesi
Feminine	scesa	scese
Masculine	partito	partiti
Feminine	partita	partite

Irregular Verbs

Present Tense

andare, *to go*

I go	**vado**	**andiamo**	*we go*
you go, he goes,	**va**	**vanno**	*you (pl.)go,*
she goes, it goes			*they go*

avere, *to have*

I have	**ho**	**abbiamo**	*we have*
you have, he has,	**ha**	**hanno**	*you (pl.) have,*
she has, it has			*they have*

volere, *to want, to love*

I want, I love	**voglio**	**vogliamo**	*we want, we love*
you want, you love	**vuole**	**vogliono**	*you (pl.) want,*
he wants, he loves			*you (pl.) love,*
she wants, she loves			*they want, they love*

potere, *to be able*

I can	**posso**	**possiamo**	*we can*
you can, he can	**può**	**possono**	*you (pl.) can,*
she can, it can			*they can*

dovere, *to have to*

I must, I have to	**devo**	**dobbiamo**	*we must, we have to*
I ought to			*we ought to*
you must,	**deve**	**devono**	*you (pl.) must,*
you have to,			*you (pl.) have to,*
you ought to,			*you (pl.) ought to,*
he must, he has to,			*they must, they have to,*
he ought to,			*they ought to*
she must, she has to,			
she ought to			

153

	essere, _to be_		
_I am_	sono	siamo	_we are_
you are, he is,	è	sono	_you (pl.) are,_
she is, it is			_they are_

	vedere, _to see_		
I see	vedo	vediamo	_we see_
you see, he sees,	vede	vedono	_you (pl.) see,_
she sees			_they see_

7. USE OF "ESSERE" AND "STARE"

ESSERE and STARE both mean TO BE.
Essere is used with adjectives.
Stare is used with adverbs.

stare, _to be_ with adverbs	essere, _to be_ with adjectives
Sta bene. _He's well. She's well._	**È contento.** _He's happy._
Sta meglio. _He's better. She's better._	**È contenta.** _She's happy._
Sta peggio. _He's worse. She's worse._	**È occupato.** _He's busy._
Stanno bene. _They're well._	**Sono contenti.** _They're happy. (men)_
Stiamo bene. _We're well._	**Sono contente.** _They're happy. (women)_

Present Tense of ESSERE, *to be*
(used with adjectives)

I am	sono	siamo	*we are, are we?*
you are, are you?	è	sono	*they are, are they?*
he is, is he?			
she is, is she?			
it is, is it?			

Present Tense of STARE, *to be*
(used with adverbs)

I am	sto	stiamo	*we are, are we?*
you are, are you?	sta	stanno	*they are, are they?*
he is, is he?			
she is, is she?			
it is, is it?			

8. CONTRACTIONS

I. A (*to*) is combined with articles in the following ways:
   1. A + IL = AL, *to the (masculine, singular)*
   2. A + LA = ALLA, *to the (feminine, singular)*
   3. A + I = AI, *to the (masculine, plural)*
   4. A + LE = ALLE, *to the (feminine, plural)*
   5. A + L' = ALL', *to the (masculine and feminine, singular)*

Remember: Use L' (*the*) and ALL' (*to the*) before singular nouns which begin with a vowel.

II. IN (*in*) is combined with articles in the following ways:
   1. IN + IL = NEL, *in the (masculine, singular)*
   2. IN + LA = NELLA, *in the (feminine, singular)*
   3. IN + I = NEI, *in the (masculine, plural)*

4. IN + LE = NELLE, *in the (feminine, plural)*
5. IN + L' = NELL', *in the (masculine and feminine, singular)*

Use NELL' before singular nouns which begin with a vowel.

III. DI (*of*) is combined with articles in the following ways:
  1. DI + IL = DEL, *of the (masculine, singular)*
  2. DI + LA = DELLA, *of the (feminine, singular)*
  3. DI + I = DEI, *of the (masculine, plural)*
  4. DI + LE = DELLE, *of the (feminine, plural)*
  5. DI + L' = DELL', *of the (masculine and feminine, singular)*

Use DELL' before singular nouns which begin with a vowel.

IV. SU (*on*) is combined with articles in the following ways:
  1. SU + IL = SUL, *on the (masculine, singular)*
  2. SU + LA = SULLA, *on the (feminine, singular)*
  3. SU + I = SUI, *on the (masculine, plural)*
  4. SU + LE = SULLE, *on the (feminine, plural)*
  5. SU + L' = SULL', *on the (masculine and feminine, singular)*

Use SULL' before singular nouns which begin with a vowel.

IMPORTANT: When you combine prepositions with LA, LE and L' always double the L.

VOCABULARY

Some of the following words are included not as learning vocabulary, but merely to aid you in comprehension of the story "The Insolent Chicks" on page 125.

NOTE: After each Italian word you will find the word repeated with an indication of the letter on which the voice stress falls. Stress the letters in large type very firmly.

A

a, in, at, to

abbandonare, abbando-NA-re, to abandon

abbandonato, abbando-NA-to, *m.* abandoned

abbastanza, abba-STAN-za, enough

abbiamo, ab-biA-mo, we have

abbondanti, abbon-DAN-ti, *m.pl.* abundant

abitare, abi-TA-re, to live

abitato, abi-TA-to, *m.s.* inhabited

abitazione, abita-ziO-ne, *f.* house

abitudine, abi-TU-dine, *f.* habit

accecata, acce-CA-ta, *f.s.* blinded

accettare, accet-TA-re, to accept

accontentò, acconten-TO; **si accontentò,** she was pleased

accomodò, accomo-DO; **si accomodò,** she sat down

accovacciò, accovac-CIO; **si accovacciò,** she nestled

acqua, AC-qua, *f.* water

ad, at, to, by, on

adagio, a-DA-gio, slowly

addio, ad-DI-o, good-bye

addormentata, addormen-TA-ta, *f.s.* asleep

addormentò, addormen-TO; **si addormentò,** she went to sleep

adempiuto adem-piU-to; **avevano adempiuto,** had fulfilled

aeroplani, aero-PLA-ni, *m.* airplanes

aeroplano, aero-PLA-no, *m.* airplane

aeroporto, aero-POR-to, *m.* airport

aggettivi, agget-TI-vi, *m.* adjectives

agosto, a-GO-sto, *m.* August

ahi, A-hi, oh, oh dear

ai, Ai, *m.pl.* to the

157

al, *m.s.* to the
albergo, al-BER-go, *m.* hotel
alberi, AL-beri, *m.* trees
albero, AL-bero, *m.* tree
Alberto, Al-BER-to, Albert
alcun, al-CUN, any
ali, A-li, *f.* wings
all', *m.* and *f.s.* to the
alla, AL-la, *f.s.* to the, at the, on the
alle, AL-le, *f.pl.* to the, at the
allegra, al-LE-gra, *f.s.* gay, cheerful
allo, AL-lo, *m.s.* to the, at the
allora, al-LO-ra, then
almeno, al-ME-no, at least
alta, AL-ta, *f.s.* high
altra, AL-tra, *f.s.* other
altre, AL-tre, *f.pl.* other
altri, AL-tri, *m.pl.* other
altro, AL-tro, *m.s.* other
amava, a-MA-va, loved
ambizione, ambi-ziO-ne, *f.* ambition
americana, ameri-CA-na, *f.s.* American
americane, ameri-CA-ne, *f.pl.* American
americani, ameri-CA-ni, *m.pl.* American
americano, ameri-CA-no, *m.s.* American
amica, a-MI-ca, *f.* friend
amici, a-MI-ci, friends
amico, a-MI-co, *m.* friend
ammirazione, ammira-ziO-ne, *f.* admiration
amor, a-MOR, *m.* love
amore, a-MO-re, *m.* love

anatroccoli, ana-TROC-coli, *m.* ducklings
anche, AN-che, also
ancora, an-CO-ra, still, again
andare, an-DA-re, to go
andavano, an-DA-vano, went (they)
andiamo, an-diA-mo, let's go
andò, an-DO, went (she)
angosce, an-GO-sce, *f.pl.* anguish
angustiata, angu-stiA-ta, *f.s.* anguished
animale, ani-MA-le, *m.* animal
animaletti, anima-LET-ti, *m.* little animals
animaletto, anima-LET-to, *m.* little animal
animali, ani-MA-li, *m.* animals
anitre, A-nitre, *f.* ducks
anno, AN-no, *m.* year
annunciò, annun-ciO, announced (it)
anormal, anor-MAL, abnormal
ansietà, ansie-TA, *f.* anxiety
appartamento, apparta-MEN-to, *m.* apartment
appassionatamente, appassionata-MEN-te, passionately
aprile, a-PRI-le, *m.* April
arbusti, ar-BU-sti, *m.* bushes
arcigiusto, arci-giU-sto, super correct
ardenti, ar-DEN-ti, *m.pl.* hot
aristocratica, aristo-CRA-tica, *f.s.* aristocratic
aritmetica, arit-ME-tica, *f.* arithmetic
arrampicanti, arrampi-CAN-ti, *m.pl.* climbing
arrivare, arri-VA-re, to arrive

arrivarono, arri-VA-rono, arrived (they)

arrivederci, arrive-DER-ci, see you again

arrivò, arri-VO, arrived (she)

arroganti, arro-GAN-ti, *m.pl.* arrogant

articoli, ar-TI-coli, *m.* articles

articolo, ar-TI-colo, *m.* article

artificiale, artifi-ciA-le, artificial

asfissiata, asfis-siA-ta, asphyxiated

asparagi, a-SPA-ragi, *m.* asparagus

assoluta, asso-LU-ta, *f.s.* absolute

assolutamente, assoluta-MEN-te, absolutely

assomogliante, assomo-gliAN-te, resembling

attacco, at-TAC-co, *m.* attack

attenzione, atten-ziO-ne, *f.* attention

attimo, AT-timo, *m.* instant

attività, attivi-TA, *f.* activity

attivo, at-TI-vo, *m.s.* active

atto, AT-to, *m.* act

attore, at-TO-re, *m.* actor

attraente, attra-EN-te, attractive, appealing

attraverso, attra-VER-so, across

attrazione, attra-ziO-ne, *f.* attraction

autobus, AU-to-bus, *m.* bus

automobile, au-to-MO-bi-le, *f.* car, automobile

automobili, au-to-MO-bi-li, *f.* cars, automobiles

autore, au-TO-re, *m.* author

autunno, au-TUN-no, *m.* fall

avanti, a-VAN-ti, forward

avanzò, a-van-ZO, advanced (she)

avere, a-VE-re, to have

avessero, a-VES-sero; avessero ricevuto, had received

aveva, a-VE-va, had (she, it)

avevano, a-VE-va-no, had (they)

avevo, a-VE-vo; avevo detto, I said, I had said

avidamente, avida-MEN-te, avidly

azzurro, az-ZUR-ro, *m.s.* blue

B

bagnare, ba-GNA-re, to wet; bagnarvi i piedi, ba-GNAR-vi i piE-di, to wet your feet

bagnate, ba-GNA-te; bagnate i piedi, wet your feet

ballo, BAL-lo, *m.* dance

bambina, bam-BI-na, *f.* baby, girl

bambini, bam-BI-ni, *m.* babies, boys

bambino, bam-BI-no, *m.* baby, boy

banana, ba-NA-na, *f.* banana

banane, ba-NA-ne, *f.* bananas

banca, BAN-ca, *f.* bank

banchettare, banchet-TA-re, to banquet

banchetto, ban-CHET-to, *m.* banquet

becca, BEC-ca, peck

beccare, bec-CA-re, to peck

beccate, bec-CA-te, *f.* pecks

bel, *m.s.* beautiful

bella, BEL-la, *f.s.* beautiful

belle, BEL-le, *f.pl.* beautiful

bellezza, bel-LEZ-za, *f.* beauty

belli, BEL-li, *m.pl.* beautiful

bello, BEL-lo, *m.s.* beautiful

bellissima, bel-LIS-sima, *f.s.* very beautiful

bellissime, bel-LIS-sime, *f.pl.* very beautiful

bellissimi, bel-LIS-simi, *m.pl.* very beautiful

bellissimo, bel-LIS-simo, *m.s.* very beautiful

bene, BE-ne, well, O.K.

benissimo, be-NIS-simo, very well

bensì, ben-SI, but rather

bere, BE-re, to drink

bevete, be-VE-te, drink

bevette, be-VET-te, drank (she)

bevevano, be-VE-vano, drank (they)

bevve, BEV-ve, drank (she)

bianca, biAN-ca, *f.s.* white

biancheria, bianche-rIa, *f.* clothes (laundry)

biglietti, bi-gliEt-ti, *m.* tickets

bilioni, bi-liO-ni, *m.* billions

biografia, biogra-fIa, *f.* biography

bistecca, bis-TEC-ca, *f.* beefsteak

bisogno, bi-SO-gno, *m.* need

blu, blue

blusa, BLU-sa, *f.* blouse

bocca, BOC-ca, *f.* mouth

borsa, BOR-sa, *f.* purse

braccio, BRAC-cio, *m.* arm

brava, BRA-va, *f.s.* clever

brevi, BRE-vi, *m.pl.* brief

brezza, BREZ-za, *f.* breeze

buffe, BUF-fe, *f.pl.* funny

buffi, BUF-fi, *m.pl.* funny

buffo, BUF-fo, *m.s.* funny

buona, buO-na, *f.s.* good

buono, buO-no, *m.s.* good

burro, BUR-ro, *m.* butter

busta, BU-sta, *f.* envelope

butta, BUT-ta, throws

buttare, but-TA-re, to throw

buttarono, but-TA-rono; **si buttarono,** flung themselves

C

caffè, caf-FE, *m.* coffee

calamità, calami-TA, *f.* calamity

calcoli, CAL-coli, *m.* computations

calcolo, CAL-colo, *m.* computation

calda, CAL-da, *f.s.* hot

calde, CAL-de, *f.pl.* hot

caldi, CAL-di, *m.pl.* hot

caldo, CAL-do, *m.s.* hot

calore, ca-LO-re, *m.* heat

calze, CAL-ze, *f.* stockings

calzini, cal-ZI-ni, *m.* socks

camicia, ca-MI-cia, *f.* shirt

camminare, cammi-NA-re, to walk

camminavano, cammi-NA-vano, were walking (they)

camminò, cammi-NO, walked (she)

campagna, cam-PA-gna, *f.* country

canali, ca-NA-li, *m.* canals

canarino, cana-RI-no, *m.* canary

cane, CA-ne, *m.* dog

cantare, can-TA-re, to sing

cantava, can-TA-va, sang (it)

canzoni, can-ZO-ni, *f.* songs

capacità, capaci-TA, *f.* capacity

capire, ca-PI-re, to understand

capisce? ca-PI-sce? do you understand?

capisco, ca-PI-sco, I understand

cappelli, cap-PEL-li, *m.* hats

cappello, cap-PEL-lo, *m*. hat

caramelle, cara-MEL-le, *f*. caramels, candy

Carlo, CAR-lo, Charles

Carlotta, Car-LOT-ta, Charlotte

carota, ca-RO-ta, *f*. carrot

carote, ca-RO-te, *f*. carrots

casa, CA-sa, *f*. house

caso, CA-so, *m*. case

catino, ca-TI-no, *m*. basin

cattive, cat-TI-ve, *f.pl*. bad

cattivi, cat-TI-vi, *m.pl*. bad

causa, CAu-sa, *f*. cause

causarono, cau-SA-rono, caused (they)

cause, CAu-se, *f*. causes

cavalli, ca-VAL-li, *m*. horses

cavallo, ca-VAL-lo, *m*. horse

cavillare, cavil-LA-re, to cavil, to hesitate

c'è, there is

celebrazione, celebra-ziO-ne, *f*. celebration

cena, CE-na, *f*. supper

cento, CEN-to, one hundred

centocinquanta, centocin-QUAN-ta, one hundred and fifty

centodue, cento-dUe, one hundred and two

centoquattro, cento-QUAT-tro, one hundred and four

centosettantacinque, centosettanta-CIN-que, one hundred and seventy-five

centotrè, cento-TRE, one hundred and three

centouno, cento-U-no, one hundred and one

c'era, C'E-ra, there was

c'erano, C'E-ra-no, there were

cerca, CER-ca, *f*. search; **in cerca di**, in search of

cerimonia, ceri-MO-nia, *f*. ceremony

cerimonie, ceri-MO-nie, *f*. ceremonies

certa, CER-ta, *f.s*. certain

che, what, that, which,

chi, who

chiamò, chia-MO, called (she)

chiarire, chia-RI-re, to clear up

chiesa, chiE-sa, *f*. church

chiese, chiE-se, *f*. churches

chitarra, chi-TAR-ra, *f*. guitar

chiuse, chiU-se, closed (she)

ci, there

ci sono, ci SO-no, there are

cielo, ciE-lo, *m*. sky

cime, CI-me, *f*. tops (tree)

cinema, CI-nema, *m*. movies

cinquanta, cin-QUAN-ta, fifty

cinquantina, cinquan-TI-na, *f*. about fifty

cinquantuno, cinquant-U-no, fifty-one

cinque, CIN-que, five

cinquecento, cinque-CEN-to, five hundred

cioccolata, ciocco-LA-ta, *f*. chocolate

cipolle, ci-POL-le, *f*. onions

circa, CIR-ca, close to

circo, CIR-co, *m*. circus

circolare, circo-LA-re, circular

circolo, CIR-colo, *m*. circle

città, cit-TA, *f*. city

classe, CLAS-se, *f*. class

classica, CLAS-sica, *f.s*. classical

coda, CO-da, *f*. tail

col, with the, by

colazione, cola-ziO-ne, *f.* breakfast, lunch

collaborazione, collabora-ziO-ne, *f.* collaboration

colore, co-LO-re, *m.* color

colori, co-LO-ri, *m.* colors

colpo, COL-po, *m.* thump, blow

coltello, col-TEL-lo, *m.* knife

combattere, com-BAT-tere, to combat

come, CO-me, as, how

cominciava, comin-ciA-va, began (it)

cominciò, comin-ciO, began (she)

compatto, com-PAT-to, *m.s.* compact

compito, COM-pito, *m.* task

completare, comple-TA-re, to complete

completato, comple-TA-to, completed

completo, com-PLE-to, *m.s.* complete

composizione, composi-ziO-ne, *f.* composition

comprare, com-PRA-re, to buy

comunità, comuni-TA, *f.* community

con, with

concentrata, concen-TRA-ta, *f.s.* concentrated

concerto, con-CER-to, *m.* concert

concetto, con-CET-to, *m.* concept

conclusione, conclu-siO-ne, *f.* conclusion

condizione, condi-ziO-ne, *f.* condition

condizioni, condi-ziO-ni, *f.* conditions

confuse, con-FU-se, *f.pl.* confused

confusione, confu-siO-ne, *f.* confusion

coniglio, co-NI-glio, *m.* rabbit

conseguenza, conse-guEn-za, *f.* consequence

considerava, conside-RA-va, regarded (she)

considerazione, considera-ziO-ne, *f.* consideration

consultare, consul-TA-re, to consult

consulti, con-SUL-ti, consult (imperative)

contabile, con-TA-bile, *m.* bookkeeper

contava, con-TA-va, counted (she)

contenta, con-TEN-ta, *f.s.* happy

contente, con-TEN-te, *f.pl.* happy

contenti, con-TENti, *m.pl.* happy

contento, con-TEN-to, *m.s.* happy

continuare, conti-nuA-re, to continue

continuò, conti-nuO, continued (she)

contò, con-TO, counted (she)

contratto, con-TRAT-to, *m.* contract

contro, CON-tro, against

conversazione, conversa-ziO-ne, *f.* conversation

conversi, con-VER-si, speak

corpo, COR-po, *m.* body

correre, COR-rere, to run

corretto, cor-RET-to, *m.s.* correct

correva, cor-RE-va, ran (it)

corse, COR-se, ran (she)

cosa, CO-sa, *f.* thing; **che cosa?** what?

cose, CO-se, *f.* things

così, co-SI, so, thus; così così, so-so

costanti, co-STAN-ti, *m.pl.* constant

costata, co-STA-ta; è costata, it cost

costruttivo, costrut-TI-vo, *m.s.* constructive

covare, co-VA-re, to nest

crac, crack

cravatta, cra-VAT-ta, *f.* necktie

creatore, crea-TO-re, *m.* creator

credo, CRE-do, I think

crescendo, cre-SCEN-do, growing

crescere, CRE-scere, to grow

cristallina, cristal-LI-na, *f.s.* crystal

cristallo, cri-STAL-lo, *m.* crystal

cucchiaio, cuc-chiA-io, *m.* spoon

cui, CU-i, which

cuore, cu-O-re, *m.* heart

curiosi, cu-riO-si, *m.pl.* curious

curiosità, curiosi-TA, *f.* curiosity

D

d', of, from

da, from, by, to, at, for

dal, *m.s.* of the, from the, by the

dall', of the, from the, at the, by the

Dante, DAN-te, Dante

dare, DA-re, to give

davanti, da-VAN-ti, in front of

debbo, DEB-bo, I should

decisa, de-CI-sa, decided (she)

decise, de-CI-se, decided (she)

decisero, de-CI-sero, decided (they)

decisione, deci-siO-ne, *f.* decision

degli, DE-gli, *m.pl.* of the

dei, DE-i, *m.pl.* of the

del, *m.s.* of the

deliziosa, deli-ziO-sa, *f.s.* delicious

deliziose, deli-ziO-se, *f.pl.* delicious

deliziosi, deli-ziO-si, *m.pl.* delicious

delizioso, deli-ziO-so, *m.s.* delicious

dell', *m.* and *f.s.* of the

della, DEL-la, *f.s.* of the

delle, DEL-le, *f.pl.* of the

denaro, de-NA-ro, *m.* money

densa, DEN-sa, *f.s.* dense

densi, DEN-si, *m.pl.* dense

descrittivo, descrit-TI-vo, descriptive

desidera, de-SI-dera, want (you)

desidero, de-SI-dero, I want

destino, de-STI-no, *m.* destiny, fate

detesto, de-TE-sto, I detest

dettagli, det-TA-gli, *m.* details

dettaglio, det-TA-glio, *m.* detail

deve? DE-ve? do you have to? must you? you have to, you must, he has to, she has to, must he? must she?

deve, DE-ve, should (she)

devo, DE-vo, I have to

di, at, of, by

diavolo, diA-volo, *m.* devil

dicembre, di-CEM-bre, *m.* December

dicendo, di-CEN-do, saying

diceva, di-CE-va, said (she)

diciannove, dician-NO-ve, nineteen

diciassette, dicias-SET-te, seventeen

diciotto, dici-OT-to, eighteen

dico, DI-co, I say

dicono, DI-cono, say (they)

dieci, diE-ci, ten

dietro, diE-tro, behind

difficoltà, difficol-TA, *f.* difficulty

diffondete, dif-FON-dete, spread

Dio, DIo, God

diplomatico, diplo-MA-tico, *m.s.* diplomatic

dir, to say (saying)

dire, DI-re, to say

diretto, di-RET-to, direct

direzione, dire-ziO-ne, *f.* direction

direzioni, dire-ziO-ni, *f.* directions

dirvi, DIR-vi, to tell you

disastroso, disa-STRO-so, *m.s.* disastrous

dischi, DI-schi, *m.* records

disco, DI-sco, *m.* record

discorsi, di-SCOR-si, *m.* speeches, discourses

discorso, di-SCOR-so, *m.* speech, discourse

disobbedienti, disobbe-diEN-ti, *m.pl.* disobedient

disperata, dispe-RA-ta, *f.s.* desperate

disperazione, dispera-ziO-ne, *f.* desperation

dispiace, di-spiA-ce; **mi dispiace,** I'm sorry

disse, DIS-se, said (she)

distanza, di-STAN-za, *f.* distance; **poca distanza,** short distance

divano, di-VA-no, *m.* sofa

diverse, di-VER-se, different

divina, di-VI-na, *f.s.* divine

divorare, divo-RA-re, to devour

do, I give; **vi do,** I give you

dodici, DO-dici, twelve

dollari, DOL-lari, *m.* dollars

domani, do-MA-ni, tomorrow

domenica, do-ME-nica, *f.* Sunday, on Sunday

dono, DO-no, *m.* present

dopo, DO-po, after

dorme, DOR-me, she is sleeping

dormì, dor-MI, slept (she)

dormire, dor-MI-re, to sleep

dottore, dot-TO-re, *m.* doctor

dov'è? do-V'E? where is?

dove, DO-ve, where

dovere, do-VE-re, to have to

dovete, do-VE-te, should (you)

doveva, do-VE-va, should (it)

dozzina, doz-ZI-na, *f.* dozen

due, DUe, two

duecento, due-CEN-to, two hundred

E

e, and

è, is, you are, are you? he is, is he? she is, is she? it is, is it?

ecc., eccetera, ec-CE-tera, et cetera

eccellente, eccel-LEN-te, excellent

eccentrici, ec-CEN-trici, *m.pl.* eccentric

eccezionale, eccezio-NA-le, exceptional

ed, and

educata, edu-CA-ta, *f.s.* educated

164

educazione, educa-ziO-ne, f. education

effetto, ef-FET-to, m. effect

elefanti, ele-FAN-ti, m. elephants

eleganti, ele-GAN-ti, f.pl. elegant

elemento, ele-MEN-to, m. element

elettrica, e-LET-trica, f.s. electric

elettrico, e-LET-trico, m.s. electric

elevò, ele-VO, elevated (she)

eloquente, elo-QUEN-te, eloquent

enorme, e-NOR-me, enormous

entrare, en-TRA-re, to enter

entrò, en-TRO, entered (she, it)

entusiasmo, entu-siA-smo, m. enthusiasm

era, E-ra, was

eran, E-ran, were (they)

erano, E-rano, were (they)

erba, ER-ba, f. grass

errori, er-RO-ri, m. errors

esagerata, esage-RA-ta, f.s. exaggerated

esaminare, esami-NA-re, to examine

esaminava, esami-NA-va, examined (she)

esaminò, esami-NO, examined (she)

esatte, e-SAT-te, exact

esclamò, escla-MO, exclaimed (she)

esclusivo, esclu-SI-vo, exclusive

escursione, escur-siO-ne, f. excursion

eseguendo, ese-guEN-do, performing

esercizi, eser-CI-zi, m. exercises

esotico, e-SO-tico, m.s. exotic

espansione, espan-siO-ne, f. expansion

esperimento, esperi-MEN-to, m. experiment

esperto, e-SPER-to, m. expert

esplorando, esplo-RAN-do, exploring

esplorare, esplo-RA-re, to explore

esplorò, esplo-RO, explored (she)

esplosione, esplo-siO-ne, f. explosion

esplosivo, esplo-SI-vo, explosive

esportare, espor-TA-re, to export

espressione, espres-siO-ne, f. expression

espressivo, espres-SI-vo, expressive

espresso, e-SPRES-so, m. express

esprimere, e-SPRI-mere, to express

essa, ES-sa, she

essendo, es-SEN-do, being

essere, ES-sere, to be

esserini, esse-RI-ni, m. little beings

essi, ES-si, they

est, m. east

estate, e-STA-te, f. summer

estendere, e-STEN-dere, to extend

estensione, esten-siO-ne, f. extension

esteriore, este-riO-re, exterior

estremo, e-STRE-mo, m. extreme

eternità, eterni-TA, f. eternity

evitare, evi-TA-re, to avoid

F

faceva, fa-CE-va, did (she), made (it); faceva attenzione, paid attention

facevano, fa-CE-vano, made (they)

fame, FA-me, *f.* hunger

famiglia, fa-MI-glia, *f.* family

famosi, fa-MO-si, *m.pl.* famous

fanno, FAN-no, make (they)

fantastico, fan-TA-stico, *m.s.* fantastic

fare, FA-re, to make, to do

farli, FAR-li; farli obbedire, to make them obey

fatiche, fa-TI-che, *f.* weariness

fatto, FAT-to, *m.* fact

fatto, FAT-to; ho fatto, I did, ha fatto? did you do?

fattore, fat-TO-re, *m.* farmer

fattore, fat-TO-re, *m.* factor

fattoria, fat-to-rI-a, *f.* farm

febbraio, feb-BRA-io, *m.* February

fece, FE-ce; si fece, became (made itself)

ferma, FER-ma, *f.s.* closed

feroce, fe-RO-ce, wild, fierce

festa, FE-sta, *f.* party

figlia, FI-glia, *f.* daughter

figlio, FI-glio, *m.* son

figlioletti, figlio-LET-ti, *m.* offspring, little children

finale, fi-NA-le, final

finalmente, final-MEN-te, finally

fine, FI-ne, *f.* end

finire, fi-NI-re, to finish

fino, FI-no, until

fiore, fiO-re, *m.* flower

fiori, fiO-ri, *m.* flowers

Firenze, Fi-REN-ze, *f.* Florence

fitte, FIT-te, *f.pl.* thick

foglie, FO-glie, *f.* leaves

fonografo, fo-NO-grafo, *m.* phonograph

fontana, fon-TA-na, *f.* fountain

fontane, fon-TA-ne, *f.* fountains

forchetta, for-CHET-ta, *f.* fork

forma, FOR-ma, *f.* form

formaggio, for-MA-ggio, *m.* cheese

formate, for-MA-te, form (imperative)

formavano, for-MA-vano, formed (they)

formazione, forma-ziO-ne, *f.* formation

forte, FOR-te, loud

fossi, FOS-si; se fossi, if I were

fratello, fra-TEL-lo, *m.* brother

freddo, FRED-do, *m.* cold

fresca, FRE-sca, *f.s.* fresh

frondoso, fron-DO-so, *m.s.* leafy

fronzuto, fron-ZU-to, *m.s.* leafy

frutta, FRUT-ta, *f.* fruits

frutto, FRUT-to, *m.* fruit

fu, was (it)

fuggì, fug-GI, she ran off

fuori, fuO-ri, out

futura, fu-TU-ra, *f.s.* future

G

gallina, gal-LI-na, *f.* hen

galline, gal-LI-ne, *f.* hens

gallo, GAL-lo, *m.* rooster

gamba, GAM-ba, *f.* leg

gambe, GAM-be, *f.* legs

gatti, GAT-ti, *m.* cats

gatto, GAT-to, *m.* cat

gelato, ge-LA-to, *m.* ice cream

generalmente, general-MEN-te, generally

genitori, geni-TO-ri, *m.* parents

gennaio, gen-NAio, *m.* January

gentil, gen-TIL, gentle

gentile, gen-TI-le, kindly, nice

gettarono, get-TA-ro-no; si gettarono, threw themselves (they)

gettato, get-TA-to, thrown

già, gi-A, already

giallo, giAl-lo, *m.s.* yellow

giardini, giar-DI-ni, *m.* gardens

giardino, giar-DI-no, *m.* garden

giganteschi, gigan-TE-schi, *m.pl.* gigantic

gigantesco, gigan-TE-sco, *m.s.* gigantic

gioia, giO-ia, *f.* joy

giornale, gior-NA-le, *m.* newspaper

giornalista, giorna-LI-sta, *m.* journalist

giornata, gior-NA-ta, *f.* day (whole day)

giorni, giOR-ni, *m.* days

giorno, giOR-no, *m.* day

giovedì, giove-DI, *m.* Thursday, on Thursday

giugno, giU-gno, *m.* June

giusto, giU-sto, right, correct

gli, *m.pl.* the

gondola, GON-dola, *f.* gondola

gondole, GON-dole, *f.* gondolas

gonna, GON-na, *f.* skirt

gradevole, gra-DE-vole, agreeable

grande, GRAN-de, big, great

grandi, GRAN-di, *m.pl.* big

grano, GRA-no, *m.* grain

gratitudine, grati-TU-dine, *f.* gratitude

grazie, GRA-zie, thank you, thanks

graziosa, gra-ziO-sa, *f.s.* pretty

gridare, gri-DA-re, to shout

gridò, gri-DO, shouted (she)

grigia, GRI-gia, *f.s.* gray

grosse, GROS-se, *f.pl.* fat

gruppi, GRUP-pi, *m.* groups

gruppo, GRUP-po, *m.* group

guanti, guAN-ti, *m.* gloves

gusci, GU-sci, *m.* shells

guscio, GU-scio, *m.* shell

H

ha, you have, have you? he has, has he? she has, has she? it has, has it?

hanno, HAN-no, they have, have they?

ho, I have

I

i, *m.pl.* the

idee, i-DEe, *f.* ideas

idraulico, i-drAu-lico, *m.s.* hydraulic

ieri, iE-ri, yesterday; ieri sera, iE-ri SE-ra, last night

ignorante, igno-RAN-te, ignorant

il, *m.s.* the

illuminate, illumi-NA-te, *f.pl.* illuminated

illuminati, illumi-NA-ti, *m.pl.* illuminated

immediatamente, immediata-MEN-te, immediately

immediato, imme-diA-to, *m.s.* immediate

immensa, im-MEN-sa, *f.s.* immense

immense, im-MEN-se, *f.pl:* immense

immensi, im-MEN-si, *m.pl.* immense

immenso, im-MEN-so, *m.s.* immense

imparare, impa-RA-re, to learn

impertinenza, imperti-NEN-za, *f.* impertinence

importante, impor-TAN-te, important

importantissimo, importan-TIS-simo, most important

impossibile, impos-SI-bile, impossible

improbabile, impro-BA-bile, improbable

impronte, im-PRON-te, *f.* marks, (footprints)

improvvisamente, improvvisa-MEN-te, suddenly

in, at, to, in, on

inaccessibile, inacces-SI-bile, inaccessible

innamorata, innamo-RA-ta, *f.s.* in love

innamorato, innamo-RA-to, *m.s.* in love

incidenti, inci-DEN-ti, *m.* incidents

incominciarono, incomin-ciA-rono, began (they)

incominciò, incomin-ciO, began (she)

incondizionato, incondizio-NA-to, unconditional

incorreggibile, incorreg-GI-bile, incorrigible

incredibile, incre-DI-bile, incredible

incredulità, increduli-TA, *f.* incredulity

indescrivibili, indescri-VI-bili, *m.pl.* indescribable

indicava, indi-CA-va, indicated (it)

indietro, in-diE-tro, back, backward

indifferenza, indiffe-REN-za, *f.* indifference

indirizzo, indi-RIZ-zo, *m.* address

indispensabile, indispen-SA-bile, indispensable

ineducati, inedu-CA-ti, *m.pl.* uneducated

inequivocabile, inequivo-CA-bile, unmistakable

infantili, infan-TI-li, *pl.* infantile

infinito, infi-NI-to, infinite

infermità, infermi-TA, *f.* sickness

informazione, informa-ziO-ne, *f.* information

inglese, in-GLE-se, English

ingresso, in-GRES-so, *m.* entrance

inizio, i-NI-zio, beginning

iniziò, ini-ziO, began (she)

insalata, insa-LA-ta, *f.* salad

insegnamento, insegna-MEN-to, *m.* teaching

insetti, in-SET-ti, *m.* insects

insetto, in-SET-to, *m.* insect

insieme, in-siE-me, together

insolenti, inso-LEN-ti, *m.pl.* insolent

insufficiente, insuffi-ciEN-te, insufficient

intelligente, intelli-GEN-te, intelligent

intensa, in-TEN-sa, *f.s.* intense

intenzione, inten-ziO-ne, *f.* intention

intera, in-TE-ra, *f.s.* whole

interessante, interes-SAN-te, interesting

interesse, inter-ES-se, *m.* interest

interno, in-TER-no, *m.* inside

intero, in-TE-ro, *m.s.* whole

interruppe, inter-RUP-pe, interrupted (she, it)

interruzioni, interru-ziO-ni, *f.* interruptions

intervalli, inter-VAL-li, *m.* intervals

invasione, inva-siO-ne, *f.* invasion

inverno, in-VER-no, *m.* winter

investigazioni, investiga-ziO-ni, *f.* investigations

invito, in-VI-to, *m.* invitation

istante, i-STAN-te, *m.* instant

istinti, i-STIN-ti, *m.* instincts

istruzione, istru-ziO-ne, *f.* instruction

Italia, I-TA-lia, Italy

italiana, ita-liA-na, *f.s.* Italian

italiane, ita-liA-ne, *f.pl.* Italian

italiani, ita-liA-ni, *m.pl.* Italian

italiano, ita-liA-no, *m.s.* Italian

L

l', *m.* and *f.s.* the

la, *f.s.* the

la, her

laringe, la-RIN-ge, *f.* larynx

lavare, la-VA-re, to wash

lavorare, lavo-RA-re, to work

le, *f.pl.* the

le, to her, from her

leggere, LEG-ge-re, to read

legione, le-giO-ne, *f.* legion

Lei, LE-i, you (sing.)

lentamente, lenta-MEN-te, slowly

leoni, leO-ni, *m.* lions

lettera, LET-tera, *f.* letter

letteratura, lettera-TU-ra, *f.* literature

lettere, LET-te-re, *f.* letters

letto, LET-to, *m.* bed

lezione, le-ziO-ne, *f.* lesson

lezioni, le-ziO-ni, *f.* lessons

libertà, liber-TA, *f.* liberty

libri, LI-bri, *m.* books

libro, LI-bro, *m.* book

linea, LI-nea, *f.* line

lingua, LIN-gua, *f.* language

linguaggio, lin-guAg-gio, *m.* language

lo, *m.s.* the

lontano, lon-TA-no, far, distant

loro, LO-ro, their

luce, LU-ce, *f.* light

luglio, LU-glio, *m.* July

lui, LU-i, he

luna, LU-na, *f.* moon

lunedì, lu-ne-DI, *m.* Monday, on Monday

lunga, LUN-ga, *f.s.* long

lungo, LUN-go, *m.s.* long

luogo, luO-go, *m.* place

M

ma, but

macchina, MAC-china, *f.* machine, typewriter, car; **a macchina,** on the typewriter

madre, MA-dre, *f.* mother

maggio, MAG-gio, *m.* May

magia, MA-gia, *f.* magic

malata, ma-LA-ta, *f.s.* sick

malate, ma-LA-te, *f.pl.* sick

malati, ma-LA-ti, *m.pl.* sick

malato, ma-LA-to, *m.s.* sick

malinconia, malinco-nIa, *f.* sadness

mamma, MAM-ma, *f.* mother

mancanza, man-CAN-za, *f.* lack

mandolini, mando-LI-ni, *m.* mandolins

mangi, MAN-gi, eat

mangiando, man-GIAN-do, eating

mangiare, man-GIA-re, to eat

mangiava, man-GIA-va, was eating (she)

mangiavano, man-GIA-vano, were eating (they)

mani, MA-ni, *f.* hands

mano, MA-no, *f.* hand

mantelli, man-TEL-li, *m.* coats

mantello, man-TEL-lo, *m.* coat

marcia, MAR-cia, *f.; ordine di* **marcia,** marching order

mare, MA-re, *m.* sea, seashore

Maria, Ma-rIa, Mary

martedì, marte-DI, *m.* Tuesday, on Tuesday

marzo, MAR-zo, *m.* March

matematica, mate-MA-tica, *f.* mathematics

materno, ma-TER-no, *m.s.* maternal

mattina, mat-TI-na, *f.* morning

mattino, mat-TI-no, *m.* morning

me, me

medicina, medi-CI-na, *f.* medicine

meglio, ME-glio, better

mela, ME-la, *f.* apple

mele, ME-le, *f.* apples

melo, ME-lo, *m.* apple tree

melodia, melo-dIa, *f.* melody

memoria, me-MO-ria, *f.* memory

meno, ME-no, less

mentali, men-TA-li, *m.pl.* mental

mente, MÉN-te, *f.* mind

meravigliosa, meravi-gliO-sa, *f.s.* wonderful, marvelous

meravigliose, meravi-gliO-se, *f.pl.* wonderful, marvelous

meravigliosi, meravi-gliO-si, *m.pl.* wonderful, marvelous

meraviglioso, meravi-gliO-so, *m.s.* wonderful, marvelous

mercoledì, mercole-DI, *m.* Wednesday, on Wednesday

meriti, ME-riti, *m.* merits

mese, ME-se, *m.* month

mesi, ME-si, *m.* months

metà, me-TA, *f.* half

metterà, mette-RA, will put (he); **metterà disciplina,** will bring about discipline (he)

mezza, MEZ-za, *f.* half (hour), one half

mezzanotte, mezza-NOT-te, *f.* midnight

mezzo, MEZ-zo, *m.* half

mi, me, to me, on me, myself

mia, MI-a, *f.s.* my

mie, MI-e, *f.pl.* my

miei, miE-i, *m.pl.* my

Milano, Mi-LA-no, Milan

milioni, mi-liO-ni, *m.* millions

mille, MIL-le, thousand
minestra, mi-NE-stra, f. soup
minimo, MI-nimo, least
minuti, mi-NU-ti, m. minutes
mio, MI-o, m.s. my
missione, mis-siO-ne, f. mission
misteri, mi-STE-ri, m. mysteries
misteriosa, miste-riO-sa, f.s. mysterious
misteriose, miste-riO-se, f.pl. mysterious
mistero, mi-STE-ro, m. mystery
molta, MOL-ta, f.s. much, a lot
molte, MOL-te, f.pl. many, a lot
molti, MOL-ti, m. pl. many, a lot
moltissima, mol-TIS-sima, f.s. very much
moltissime, mol-TIS-sime, f.pl. very many
moltissimi, mol-TIS-simi, m.pl. very many
moltissimo, mol-TIS-simo, m.s. very much
molto, MOL-to, m.s. much, a lot
molto, MOL-to, very
momento, mo-MEN-to, m. moment
mondo, MON-do, m. world
monologo, mo-NO-logo, m. monologue
montagna, mon-TA-gna, f. mountain
monumentale, monumen-TA-le, monumental
morì, mo-RI, died (she)
morirete, mori-RE-te; se morirete, if you die
morisse, mo-RIS-se, would die
mucca, MUC-ca, f. milk cow
mucche, MUC-che, f. milk cows

mula, MU-la, f. mule
mule, MU-le, f. mules
muovere, muO-vere, to move
musei, mu-SEi, m. museums
museo, mu-SEo, m. museum
musica, MU-sica, f. music
musicale, musi-CA-le, musical

N

Napoli, NA-poli, Naples
nascondeva, nascon-DE-va, hid (it)
naso, NA-so, m. nose
naturale, natu-RA-le, natural
naturalmente, natural-MEN-te, naturally
nazione, na-ziO-ne, f. nation
ne, from it, of it
nè, nor
neanche, ne-AN-che, not even
necessario, neces-SA-rio, m.s. necessary
nei, NE-i, m.pl. in the
nel, m.s. in the
nell', m. and f.s. in the
nelle, NEL-le, f.pl. in the
nemici, ne-MI-ci, m. enemies
nero, NE-ro, m.s. black
nessun, nes-SUN, m.s. no
nido, NI-do, m. nest
nient'altro, nient'-AL-tro, nothing else
niente, niEN-te, nothing
nientemeno, niente-ME-no, no less
no, no
noi, NOi, we
non, not
nonna, NON-na, f. grandmother
nonno, NON-no, m. grandfather

nonostante, nono-STAN-te, notwithstanding

nord, *m.* north

normale, nor-MA-le, normal

nostalgia, no-stal-gIa, *f.* nostalgia

nostra, NO-stra, *f.s.* our

notte, NOT-te, *f.* night

novanta, no-VAN-ta, ninety

novantuno, novant-U-no, ninetyone

nove, NO-ve, nine

novecento, nove-CEN-to, nine hundred

novembre, no-VEM-bre, *m.* November

nulla, NUL-la, nothing

numeri, NU-meri, *m.* numbers

numero, NU-mero, *m.* number

nuotare, nuo-TA-re, to swim

nuotarono, nuo-TA-rono, swam (they)

nuovo, nuO-vo, *m.s.* new

nutritivi, nutri-TI-vi, *m.pl.* nutritious

nuziale, nu-ziA-le, nuptial, wedding

O

o, or

obbedire, obbe-DI-re, to obey; **farli obbedire,** to make them obey

oca, O-ca, *f.* goose

occasione, occa-siO-ne, *f.* occasion

occhi, OC-chi, *m.* eyes

occupata, occu-PA-ta, *f.s.* busy

occupate, occu-PA-te, *f.pl.* busy

occupati, occu-PA-ti, *m.pl.* busy

occupatissima, occupa-TIS-sima, *f.s.* very busy

occupato, occu-PA-to, *m.s.* busy

Oceano Atlantico, o-CEa-no at-LAN-tico, *m.* Atlantic Ocean

Oceano Pacifico, o-CEa-no pa-CI-fico, *m.* Pacific Ocean

oggi, OG-gi, today

ogni, O-gni, each, every; **ogni tanto,** once in a while

olive, o-LI-ve, *f.* olives

oltrepassò, oltrepas-SO, went beyond (she)

ombra, OM-bra, *f.* shade

ombrello, om-BREL-lo, *m.* umbrella

ombroso, om-BRO-so, *m.s.* shady

onde, ON-de, in order to

opera, O-pera, *f.* opera, a work

operazione, opera-ziO-ne, *f.* operation

opinione, opi-niO-ne, *f.* opinion

opportunità, opportuni-TA, *f.* opportunity

ora, O-ra, *f.* hour

ora, O-ra, now

orchestra, or-CHE-stra, *f.* orchestra

ordine, OR-dine, *m.* order; **ordine di marcia,** marching order

ordino, or-DI-no; **vi ordino,** I order you

ormai, or-mAi, by now

orologio, oro-LO-gio, *m.* watch

orti, OR-ti, *m.* orchards

orto, OR-to, *m.* orchard

oscuri, o-SCU-ri, *m.pl.* dark

ospedale, ospe-DA-le, *m.* hospital

ottanta, ot-TAN-ta, eighty

ottantuno, ottant-U-no, eighty-
one
ottimismo, otti-MIS-mo, *m.* optimism
ottimista, otti-MI-sta, *m.* optimist
otto, OT-to, eight
ottobre, ot-TO-bre, *m.* October
ottocento, otto-CEN-to, eight
hundred
ovest, O-vest, *m.* west

P

pacco, PAC-co, *m.* package
pacifico, pa-CI-fi-co, *m.s.* peaceful
padre, PA-dre, *m.* father
padrona, pa-DRO-na; padrona di
casa, mistress of the house
pagliaccio, pa-gliAc-cio, *m.* clown
palazzi, pa-LAZ-zi, *m.* buildings
palazzo, pa-LAZ-zo, *m.* building
palpitazione, palpita-ziO-ne, *f.*
palpitation
pane, PA-ne, *m.* bread
panorama, pano-RA-ma, *m.* panorama
paraggi, pa-RAG-gi, *m.* environs
parasole, para-SO-le, *m.* parasol
parchi, PAR-chi, *m.* parks
parco, PAR-co, *m.* park
parlare, par-LA-re, to talk, to
speak
parli, PAR-li, speak
parola, pa-RO-la, *f.* word
parole, pa-RO-le, *f.* words
parte, PAR-te, *f.* part
partire, par-TI-re, to leave
pascolo, PA-scolo, *m.* pasture
passare, pas-SA-re, to pass, to
spend (time)

passarono, pas-SA-rono, passed
(they)
passate, pas-SA-te, *f.pl.* passed,
past
passati, pas-SA-ti, passed
passo, PAS-so, *m.* step
passò, pas-SO, passed (she)
pasti, PA-sti, *m.* meals
pastore, pa-STO-re, *m.* shepherd
patate, pa-TA-te, *f.* potatoes
peccato, pec-CA-to, *m.* sin, pity
peggio, PEG-gio, worse
penetrò, pene-TRO, penetrated
(she)
penna, PEN-na, *f.* pen
penne, PEN-ne, *f.* pens, feathers
pensare, pen-SA-re, to think
pensione, pen-siO-ne, *f.* pension
pepe, PE-pe, *m.* pepper
per, for, because of, through
pera, PE-ra, *f.* pear
perchè, per-CHE, because
pere, PE-re, *f.* pears
perfetta, per-FET-ta, *f.s.* perfect
perfettamente, perfetta-MEN-te,
perfectly
perfetto, per-FET-to, *m.s.* perfect
permesso, per-MES-so, *m.* permis-
sion
però, pe-RO, however, but
persona, per-SO-na, *f.* person
persone, per-SO-ne, *f.* persons
pesca, PE-sca, *f.* peach
pesce, PE-sce, *m.* fish
pessima, PES-sima, *f.s.* very bad
pestiferi, pe-STI-fe-ri, pestifer-
ous
piacere, piA-cere, to like; mi
piace, mi piA-ce, I like (it);
le piace? do you like? (it); mi

piacciono, mi piAc-ciono, I like (them); **le piacciono?** do you like? (them); **mi piacerebbe,** mi piace-REB-be, I would like (it); **le piacerebbe?** would you like? (it)

pianissimo, pia-NIS-simo, very softly

piano, piA-no, *m.* piano

piano, piA-no, softly

piantagioni, pianta-giO-ni, *f.* plantations (fields)

piante, piAN-te, *f.* plants

piatti, piAT-ti, *m.* dishes, plates

piazza, piAZ-za, *f.* plaza

piccola, PIC-cola, *f.s.* little

piccole, PIC-cole, *f.pl.* little

piccoli, PIC-coli, *m.pl.* little

piccolissimo, picco-LIS-simo, *m.s.* very little

piccolo, PIC-colo, *m.s.* little

piede, piE-de, *m.* foot

piedi, piE-di, *m.* feet

pieno, piE-no, *m.s.* full

pietosa, pie-TO-sa, *f.s.* compassionate

piroscafi, pi-RO-scafi, *m.* ships

piroscafo, pi-RO-scafo, *m.* ship

piselli, pi-SEL-li, *m.* peas

più, piU, more

pizza, PIZ-za, *f.* pizza

pizzicare, pizzi-CA-re, to pinch

pl., plural

po', un po', a little bit

poca, PO-ca; **poca distanza,** short distance

pochi, PO-chi, *m.pl.* few

poesie, poe-SIe, *f.* poems

poeta, poE-ta, *m.* poet

pollaio, pol-LA-io, *m.* hen house

polli, POL-li, *m.* chickens

pollo, POL-lo, *m.* chicken

pomodori, pomo-DO-ri, *m.* tomatoes

pomodoro, pomo-DO-ro, *m.* tomato

popolare, popo-LA-re, popular

popolari, popo-LA-ri, *pl.* popular

porco, POR-co, *m.* pig

portare, por-TA-re, to take

portone, por-TO-ne, *m.* gate

posizione, posi-ziO-ne, *f.* position

possesso, pos-SES-so, *m.* possession

possibile, pos-SI-bile, possible

possibilità, possibili-TA *f.* possibility

posso, POS-so, I can

posto, PO-sto, *m.* place

potè, po-TE, could (she)

potere, po-TE-re, to be able

poteva, po-TE-va, could (she)

povera, PO-vera, *f.s.* poor

pranzo, PRAN-zo, *m.* dinner

prateria, prate-rIa, *f.* meadow

prego, PRE-go, please, you're welcome

prendere, PREN-dere, to take, to get

preparazione, prepara-ziO-ne, *f.* preparation

prese, PRE-se, took (she)

presentò, presen-TO; **si presentò,** presented (itself)

presenza, pre-SEN-za, *f.* presence

presidente, presi-DEN-te, *m.* president

press'a, PRES-s'a, close to

presto, PRE-sto, quick, fast

prima, PRI-ma, first

primavera, prima-VE-ra, *f.* spring

problema, pro-BLE-ma, *m.* problem

produce, pro-DU-ce, produces

produsse, pro-DUS-se, produced

produttivo, produt-TI-vo, productive

professore, profes-SO-re, *m.* professor

profondamente, profonda-MEN-te, deeply

profondo, pro-FON-do, *m.s.* deep

profumi, pro-FU-mi, *m.* perfumes

profumo, pro-FU-mo, *m.* perfume

pronta, PRON-ta, *f.s.* ready

pronte, PRON-te, *f.pl.* ready

pronti, PRON-ti, *m.pl.* ready

pronto, PRON-to, *m.s.* ready

proposito, pro-PO-sito, *m.* purpose

protesta, pro-TE-sta, *f.* protest

prudente, pru-DEN-te, prudent

pulcini, pul-CI-ni, *m.* baby chicks

pulcino, pul-CI-no, *m.* baby chick

punto, PUN-to, *m.* point

può, puO, you can, can you? he can, can he? she can, can she?

pura, PU-ra, *f.s.* pure

Q

quadri, QUA-dri, *m.* pictures, paintings

qualche, QUAL-che, some; qualche volta, sometimes

qualcosa, qual-CO-sa, *f.* something

qualcos'altro, qualcos'-AL-tro, *m.* something else

quale, QUA-le, which, what

quando, QUAN-do, when

quanto, QUAN-to, as much as

quaranta, qua-RAN-ta, forty

quarantadue, quaranta-DU-e, forty-two

quarant'ore, quarant'-O-re, forty hours

quarantuno, quarant-U-no, forty-one

quattro, QUAT-tro, four

quattrocento, quattro-CEN-to, four hundred

quattordici, quat-TOR-dici, fourteen

quel, *m.s.* that

quella, QUEL-la, *f.s.* that

quelle, QUEL-le, *f.pl.* those

quello, QUEL-lo, *m.s.* that

questa, QUE-sta, *f.* this

queste, QUE-ste, *f.* these

questi, QUE-sti, *m.* these

questo, QUE-sto, *m.* this

quindici, QUIN-dici, fifteen

R

radio, RA-dio, *f.* radio

ragazza, ra-GAZ-za, *f.* girl

ragazzo, ra-GAZ-zo, *m.* boy

raggi, RAG-gi, *m.* rays

rapidamente, rapida-MEN-te, rapidly

rapide, RA-pide, *f.pl.* fast

ravioli, ra-viO-li, *m.* ravioli

realtà, real-TA, *f.* reality; in realtà, actually

regione, re-giO-ne, *f.* region

religione, reli-giO-ne, *f.* religion

remota, re-MO-ta, *f.s.* remote

rendeva, ren-DE-va, rendered

resistere, re-SI-stere, to resist

responsabile, respon-SA-bile, responsible

reumatismo, reuma-TIS-mo, *m.* rheumatism

ricca, RIC-ca, *f.s.* rich

ricco, RIC-co, *m.s.* rich

ricevere, ri-CE-vere, to receive

ridda, RID-da, *f.* crowd

rifletteva, ri-flet-TE-va, reflected (it)

rigirò, rigi-RO, **si rigirò,** turned, rolled over (she)

ringraziare, ringra-ziA-re, to give thanks

riparo, ri-PA-ro, *m.* screen

ripetendo, ripe-TEN-do, repeating

ripetete, ripe-TE-te, repeat

riposi, ri-PO-si, rest

risentimento, risenti-MEN-to, *m.* resentment

risolse, ri-SOL-se; **si risolse,** resolved (she)

risolverà, risolve-RA, will resolve (he)

rispetta, ri-SPET-ta, respects

rispetto, ri-SPET-to, *m.* respect

rispose, ri-SPO-se, answers (she)

risposero, ri-SPO-sero, answered (they)

ristorante, risto-RAN-te, *m.* restaurant

ristoranti, risto-RAN-ti, *m.* restaurants

ritornò, ritor-NO, returned (she)

riusciva, riu-SCI-va, succeeded (she)

riverente, rive-REN-te, reverent

Roberto, Ro-BER-to, Robert

Roma, RO-ma, Rome

romantica, ro-MAN-tica, *f.s.* romantic

romantiche, ro-MAN-tiche, *f.pl.* romantic

romantico, ro-MAN-tico, *m.s.* romantic

romanzi, ro-MAN-zi, *m.* novels

romanzo, ro-MAN-zo, *m.* novel

rosa, RO-sa, *f.* rose

rose, RO-se, *f.* roses

rosso, ROS-so, *m.s.* red

rotonda, ro-TON-da, *f.s.* round

rotondo, ro-TON-do, *m.s.* round

rumore, ru-MO-re, *m.* noise (sound)

ruscello, ru-SCEL-lo, *m.* brook

S

s., singular

sabato, SA-bato, *m.* Saturday, on Saturday

saggio, SAG-gio, *m.s.* wise, sage

sale, SA-le, *m.* salt

salire, sa-LI-re, to go up

salvazione, salva-ziO-ne, *f.* salvation

saltabecca, salta-BEC-ca, *f.* grasshopper

saltabecche, salta-BEC-che, *f.* grasshoppers

saltare, sal-TA-re, to jump

saltati, sal-TA-ti; **saltati fuori,** hatched (jumped out)

San Marco, San MAR-co, San Marco

sappiamo, sap-piA-mo, know (we)

sarà, sa-RA; **dove sarà?** I wonder where (he) is

176

sardina, sar-DI-na, *f.* sardine

sardine, sar-DI-ne, *f.* sardines

sarebbero, sa-REB-bero, would be (they)

sarò, sa-RO, will be (I)

sbagliato, sba-gliA-to, *m.s.* mistaken

scarpe, SCAR-pe, *f.* shoes

scendere, SCEN-dere, to go down

scherzare, scher-ZA-re, to joke

scherzo, SCHER-zo, *m.* joke

scimmia, SCIM-mia, *f.* monkey

scimmie, SCIM-mie, *f.* monkeys

scomparve, scom-PAR-ve, disappeared, faded away (it)

sconvolgere, scon-VOL-gere, to upset

scoprì, sco-PRI, discovered (she)

scosse, SCOS-se, shaking

scrivere, SCRI-vere, to write

scusi, SCU-si, excuse me

se, if

secondo, se-CON-do, *m.* second

sedano, SE-dano, *m.* celery

sedici, SE-dici, sixteen

segretaria, segre-TA-ria, *f.* secretary

sei, SEi, six

seicento, sei-CEN-to, six hundred

sembrava, sem-BRA-va, looked like (she)

semidivini, semidi-VI-ni, semidivine

sempre, SEM-pre, always; **per sempre**, for ever

sensazioni, sensa-ziO-ni, *f.* sensations

sensibile, sen-SI-bile, sensible, sensitive

senta, SEN-ta, listen

sentì, sen-TI, felt (she)

sentire, sen-TI-re, to feel, to smell

sentirsi, sen-TIR-si, to feel (well)

sentiva, sen-TI-va, felt (she)

senza, SEN-za, without

separato, sepa-RA-to, *m.s.* separate

sera, SE-ra, *f.* evening

serata, se-RA-ta, *f.* evening

sermoni, ser-MO-ni, *m.* sermons

servite, ser-VI-te; **vennero servite**, came to serve (they)

sessanta, ses-SAN-ta, sixty

sessantuno, sessant-U-no, sixty-one

sessione, ses-siO-ne, *f.* session

sesso, SES-so, *m.* sex

sessuale, ses-suA-le, sexual

sesto, SE-sto, sixth

sete, SE-te, *f.* thirst

settanta, set-TAN-ta, seventy

settantuno settant-U-no, seventy-one

sette, SET-te, seven

settecento, sette-CEN-to, seven hundred

settembre, set-TEM-bre, *m.* September

settimana, setti-MA-na, *f.* week

settimane, setti-MA-ne, *f.* weeks

settimo, SET-timo, seventh

sfacelo, sfa-CE-lo, *m.* ruin

si, oneself

sì, yes

siamo, siA-mo, we are

siete, siE-te, are (you)

significa, signi-FI-ca, means (it)

signora, si-GNO-ra, *f.* lady, madam

177

signore, si-GNO-re, *m.* mister

signorina, signo-RI-na, *f.* young lady, miss

signorine, signo-RI-ne, *f.* young ladies, misses

silenzio, si-LEN-zio, *m.* silence

simpatica, sim-PA-tica, *f.s.* charming

simpatico, sim-PA-tico, *m.s.* charming

singolare, singo-LA-re, singular

sistemare, siste-MA-re, to arrange

smise, SMI-se, left off, stopped (she)

sociale, so-ciA-le, social

società, socie-TA, *f.* society

soddisfatta, soddis-FAT-ta, *f.s.* satisfied

sola, SO-la, *f.s.* alone; **una sola parola,** a single word

sole, SO-le, *f.pl.* alone

sole, SO-le, *m.* sun

solennemente, solenne-MEN-te, solemnly

solennità, solenni-TA, *f.* solemnity

soli, SO-li, *m.pl.* alone

solitario, soli-TA-rio, solitary

solo, SO-lo, *m.s.* alone

solo, SO-lo, only

soltanto, sol-TAN-to, only

soluzione, solu-ziO-ne, *f.* solution

sonno, SON-no, *f.* sleep

sono, SO-no, I am, they are

sopraggiunsero, soprag-giUN-sero, came upon (it)

sorella, so-REL-la, *f.* sister

sorpresa, sor-PRE-sa, *f.* surprise

sorso, SOR-so, *m.* sip

sortivano, sor-TI-va-no, brought out, caused (they)

sotto, SOT-to, under

spaghetti, spa-GHET-ti, *m.* spaghetti

sparsi, SPAR-si, dispersed

specchio, SPEC-chio, *m.* mirror

speciale, spe-ciA-le, special

specialmente, special-MEN-te, especially

sperando, spe-RAN-do, hoping

spiacevole, spia-CE-vole, unpleasant

spiaggia, spiAg-gia, *f.* beach

spiaggie, spiAg-gie, *f.* beaches

spinaci, spi-NA-ci, *m.* spinach

spirale, spi-RA-le, *m.* spiral

splendente, splen-DEN-te, brilliant

splendido, SPLEN-dido, *m.s.* splendid

spontanea, spon-TA-nea, *f.s.* spontaneous

stagioni, sta-giO-ni, *f.* seasons

stagno, STA-gno, *m.* pond, pool

stamani, sta-MA-ni, this morning

stanca, STAN-ca, *f.s.* tired

stanco, STAN-co, *m.s.* tired

stanno, STAN-no, they are

stare, STA-re, to be

starnazzando, starnaz-ZAN-do, sneezing

stasera, sta-SE-ra, tonight

statue, STA-tue, *f.* statues

stava, STA-va, was (she)

stavano, STA-vano, were (they)

steccato, stec-CA-to, *m.* fence

stella, STEL-la, *f.* star

stelle, STEL-le, *f.* stars

stesse, STES-se, were (as if she)

storia, STO-ria, *f*. story
studiare, stu-diA-re, to study
stupida, STU-pida, *f.s.* stupid
su, on; **su una linea**, in one line
sua, SU-a, *f.s.* your
subito, SU-bito, suddenly, at once
succosa, suc-CO-sa, *f.s.* juicy
sud, *m*. south
sud-est, southeast
sue, SU-e, *f.pl.* your
sufficienza, suffi-ciEN-za, *f*. sufficiency (it's fill)
sui, SU-i, *m.pl.* on the
sul, *m.s.* on the
sull', *m. and f.s.* on the
sulla, SUL-la, *f.s.* on the
suo, SU-o, *m.s.* your
suoi, suO-i, *m.pl.* your
suonare, suo-NA-re, to play (a musical instrument)
suprema, su-PRE-ma, *f.s.* supreme
Susanna, Su-SAN-na, Susan
sveglia, SVE-glia, awake

T

tanta, TAN-ta, *f*. so much
tanti, TAN-ti, *m*. so many
tardi, TAR-di, late
tassa, TAS-sa, *f*. tax
tassi, TAS-si, *m*. taxi
tavola, TA-vola, *f*. table
tè, *m*. tea
teatro, te-A-tro, *m*. theater
telegramma, tele-GRAM-ma, *m*. telegram
televisore, televi-SO-re, *m*. television set
temperatura, tempera-TU-ra, *f*. temperature

tempo, TEM-po, *m*. time
temporanea, tempo-RA-nea, *f.s.* temporary
tensione, ten-siO-ne, *f*. tension
tentazione, tenta-ziO-ne, *f*. temptation
terra, TER-ra, *f*. earth
terrazza, ter-RAZ-za, *f*. terrace
terreno, ter-RE-no, *m*. ground
terribile, ter-RI-bile, terrible
terza, TER-za, *f*. third
testa, TE-sta, *f*. head; **di testa,** at the head, head first
ti, you (thee)
tigre, TI-gre, *f*. tiger
tinozza, ti-NOZ-za, *f*. bathtub
tirando, ti-RAN-do, shooting
tetto, TET-to, *m*. roof
tollerare, tolle-RA-re, to tolerate
tono, TO-no, *m*. tone
tormentata, tormen-TA-ta, *f.s.* tormented
tornare, tor-NA-re, to return
tragico, TRA-gico, *m.s.* tragic
tranquilla, tran-QUIL-la, *f.s.* tranquil, peaceful
tranquillamente, tranquilla-MEN-te, peacefully
tranquille, tran-QUIL-le, *f.pl.* tranquil, peaceful
tranquilli, tran-QUIL-li, *m.pl.* tranquil, peaceful
tranquillità, tranquilli-TA, *f*. peace
tranquillo, tran-QUIL-lo, *m.s.* tranquil, peaceful
trasformavano, trasfor-MA-vano, transformed (they)
trasparente, traspa-REN-te, transparent

trattore, trat-TO-re, *m.* tractor

tre, three

trecento, tre-CEN-to, three hundred

tredici, TRE-dici, thirteen

treno, TRE-no, *m.* train

trenta, TREN-ta, thirty

trentadue, trenta-DU-e, thirty-two

trentuno, trent-U-no, thirty-one

triste, TRI-ste, sad

troppo, TROP-po, too much, too

trovò, tro-VO, found (she)

tulipani, tuli-PA-ni, *m.* tulips

tulipano, tuli-PA-no, *m.* tulip

turista, tu-RI-sta, *m. and f.* tourist

turisti, tu-RI-sti, *m.* tourists

tutela, tu-TE-la, *f.* tutelage

tutta, TUT-ta, *f.s.* all

tuttavia, tutta-vIa, nevertheless

tutte, TUT-te, *f.pl.* all, every

tutti, TUT-ti, *m.pl.* all, all of us

tutto, TUT-to, *m.* all, all together

U

ubbidirono, ubbi-DI-rono, obeyed (they)

udì, u-DI; si udì, was heard

ufficio, uf-FI-cio, *m.* office

uguali, u-guA-li, *m.pl.* alike

ulteriori, ulte-riO-ri, *f.pl.* further

ultima, UL-tima, last

umanità, umani-TA, *f.* humanity

un, *m.s.* a, an

un', *f.s.* a, an

una, U-na, *f.s.* a, an

undici, UN-dici, eleven

unica, U-nica, *f.s.* only

unione, u-niO-ne, *f.* union

università, universi-TA, *f.* university

universo, uni-VER-so, *m.* universe

uno, U-no, one

uova, uO-va, *f.* eggs

uovo, uO-vo, *m.* egg

uscì, u-SCI, came out (it), left (she)

uscire, u-SCI-re, to come out

uscite, u-SCI-te, come out

utile, U-tile, useful

V

va, you're going, are you going? he's going, is he going? she's going, is she going? it's going, is it going?

vacanza, va-CAN-za, *f.* vacation

vacanze, va-CAN-ze, *f.* vacations

vacca, VAC-ca, *f.* cow

vado, VA-do, I'm going

valigia, va-LI-gia, *f.* suitcase

vanno, VAN-no, they go

vasta, VA-sta, *f.s.* vast

vecchio, VEC-chio, *m.s.* old

vedere, ve-DE-re, to see

vegetazione, vegeta-ziO-ne, *f.* vegetation

vendere, VEN-dere, to sell

venerdì, vener-DI, *m.* Friday, on Friday

Venezia, Ve-NE-zia, *f.* Venice

veneziane, vene-ziA-ne, *f.pl.* Venetian

veneziani, vene-ziA-ni, *m.pl.* Venetian

venire, ve-NI-re, to come

venite, ve-NI-te, come (you)

veniva, ve-NI-va, was coming

vennero, VEN-nero, came (they)

venti, VEN-ti, twenty

venticinque, venti-CIN-que, twenty-five

ventidue, venti-DU-e, twenty-two

ventinove, venti-NO-ve, twenty-nine

ventiquattro, venti-QUAT-tro, twenty-four

ventisei, venti-SE-i, twenty-six

ventisette, venti-SET-te, twenty-seven

ventitrè, venti-TRE, twenty-three

ventotto, vent-OT-to, twenty-eight

ventun, vent-UN, twenty-one

ventuno, vent-U-no, twenty-one

verde, VER-de, green

verificare, verifi-CA-re, to take place, to verify

verificati, verifi-CA-ti; erano verificati, took place (they)

verrà, ver-RA; vi verrà, will get (you)

verso, VER-so, toward, about

versò, ver-SO, poured (she)

vestiti, ve-STI-ti, *m.* dresses, suits

vestito, ve-STI-to, *m.* dress, suit

vi, you, to you; vi do, I give you

vi, there

vide, VI-de, saw (she)

violette, vio-LET-te, *f.* violets

visibile, vi-SI-bile, visible

visione, vi-siO-ne, *f.* vision

vita, VI-ta, *f.* life

vivere, VI-vere, to live

vocabolario, vocabo-LA-rio, *m.* vocabulary

voce, VO-ce, *f.* voice

voci, VO-ci, *f.* voices

voglio, VO-glio, I want

volere, vo-LE-re, to want; volere bene, to love

volgare, vol-GA-re, vulgar

volta, VOL-ta, *f.* turn; qualche volta, sometimes

vuole, vuO-le, you want, do you want? he wants, does he want? she wants, does she want?

Y

yarda, YAR-da, *f.* yard

yarde, YAR-de, *f.* yards

Z

zero, ZE-ro, *m.* zero

zingari, ZIN-gari, *m.* gypsies

INDEX

ABOUT THE AUTHOR

Margarita Madrigal was born in Alajuela, Costa Rica. Her father was Costa Rican, her mother is an American from Kansas City. Miss Madrigal, one of America's leading language teachers, is the creator of Madrigal's Instant Recognition Method, which helps the student feel at home in a new language, because the lessons are based on words that are similar to their English equivalents. Over a million copies of her books have been sold. Her texts are used in many school systems throughout the United States.

Miss Madrigal has done linguistic research in many countries. She is equally at home in Rome, London, Mexico City, Athens and many other great cities. She is an accomplished guitarist who regards her guitar as her "passport to the world." She lives in New York, where she conducts private Spanish classes.